文學叢刊之六

山河紀行

高準著作集之二

文史哲出版社印行

文學叢刊⑥

山河紀行

著　者：高　準
台北市敦化南路三六二巷四六之二號
出版者：文史哲出版社
登記證字號：行政院新聞局局版臺業字〇七五五號
發行所：文史哲出版社
印刷者：文史哲出版社
臺北市羅斯福路一段七十二巷四號
郵撥〇五一二八八一二號彭正雄帳戶
電話：三五一一〇二八
定價新台幣三四〇元
中華民國七十四年十月初版

山河紀行

高準著

《山河紀行》序（趙滋蕃）……一
突破波濤的脚印（曾祥鐸）……五
自序……九

卷一 少年遊

昨夜西風凋碧樹（郎靜山攝影）……一二
春的脚步……一四
幼獅的夏天……一七
秋在烏來……二三
山的心影……二七
霧社廬山記……三九

史克蘭溪畔一夜……四六
溪頭月夜的幻想……五一
美國國家美術館記……五六
紐約的博物館……六六
苦澀的鄉愁……八三

卷二 大陸行

不盡波濤滾滾流（郎靜山攝影）……一〇四
燕京散記上……一〇六
燕京散記下……一二七
東嶽紀行……一四九
長安訪古……一七四
西蜀遊踪……二〇一
長江行脚……二三四

談大陸之行（專訪答問）……二四五
高準寫作年表……二五三
後記……二六三
內封題署（薛志揚）

彩色圖片

北京飯店……八七
故宮太和殿……八七
西山碧雲寺一景……八八
北京臥佛寺一景……八八
西山琉璃塔……八九
長城眺望……八九
在長城上……八九
泰山孔子登臨處石坊……九〇

泰山迎客松……九〇
泰山十八盤眺望南天門……九一
晨曦照上玉皇頂……九二
泰山碧霞祠……九二
泰安岱廟天貺殿……九三
三門峽西車站……九三
秦始皇兵馬坑內景……九四
移置陳列室中的兵馬俑……九四
大雁塔……九五
小雁塔……九五
西安華清池……九五
成都武侯祠內的諸葛亮像與武將像……九六
杜甫草堂碑亭……九六
都江堰二王廟一景……九七
安瀾索橋……九七

重慶市中心……九八
三峽行舟……九八
武漢長江……九九
長江葛洲壩……九九
武昌東湖之濱的屈原像……一〇〇
南京中山陵……一〇〇
被佔用爲金山張堰鎭公所的
作者外祖父姚石子先生故居……一〇一
杭州西湖之濱的放鶴亭……一〇一
杭州西湖——……一〇一
紹興水鄉的船隊……一〇二
紹興大禹陵的大禹像……一〇二
本書作者手跡……二六七
主要地名及建築物名稱索引……二七四

山河紀行序

趙滋蕃

天眞人有時癡，有時狂，只要自然流露的是藝術氣質，癡也癡得可愛，狂也狂得可愛。天眞人並不渴求得不到的東西，却鍾意情緒的模倣，所以不獨憐憫他們曾經愛過的東西，而且憐憫他們認爲跟自己相似的東西。天眞人從外在世界獲致觀念，從內心世界產生信念，可能是觀察角度不同，認識深淺有異，但並不足以證實其爲怪誕。讀高準的「山河紀行」，我有這三層次的看法。

「山河紀行」分兩輯。第一輯「少年遊」，收民國四十五年春到民國五十五年三月的遊記七篇，另加「美國國家美術館記」，「紐約的博物館」，以及「苦澀的鄉愁」三文，前七篇爲臺灣的遊踪心影，後三篇活動的圈子縮小爲美術館與藝術館，以及畫評。歲月在十篇文章中流轉承續；而高準已由熱情奔放的少年期，邁向穩健開闊的中年期了。

第二輯「大陸行」，包括「燕京散記」上下兩篇，「東嶽紀行」，「長安訪古」，「西蜀遊踪」，「長江行脚」等七篇。高準的基本心態，仍然在實踐「五嶽尋仙不辭遠，一生好入名山遊」，儼然是睜開一隻眼睛作夢的詩人。希臘文詩的第一義，就是創造；而創造的首要條件，乃心靈自由。於是詩人高準，一方面要乘壯遊之際，隨緣隨喜，晤晤大陸各地傑出的新詩人，切磋詩藝，爲他計畫中的「中國新詩發展史」蒐集資料。另一方面，則欲在可見的範圍以內，比較海峽兩岸詩人們的心靈自由，好把事實的眞相弄明白。他的想法，天眞而逍遙；而對手方的應付，却具老謀深算的特色。這就是許多遊記中要插述「文藝座談會」、「泰安座談」、「文史座談」之類非遊記活動的原因了。

不過，諸如此類的刻意安排，對高準的「大陸行」，却有些意料之外的收穫。接待人員的心目中，錯估高準是響應「葉老酋」號召輸誠大陸的尖兵，而高準在座談會中的表現，則是一派天眞，譏刺反諷迭見，經常製造主客對峙的氣氛。他給大家留下的印象，應該是凸出而鮮明的。

遊記通常以散文寫成，說它是「散文集」也可言之成理。但就文學類型立論，遊記屬文學——歷史「類」，報導文學「型」，它跟充分享有筆鋒自由與筆鋒感情的散文寫作，到底不太一樣。因爲，遊記以眞人、實事、現境，爲寫作的基礎。寫遊記，必然要把藝術的想像作用與虛構作用，壓縮到最低的限度；而作家運筆時，也只能享有「有限度的」筆鋒自由與筆鋒感情。這樣寫下的作品，才會確有其人，實有事其，眞有其境。時空景物可以覆按，人物事件可以覆按，它忠於事實有如歷史，具有限度的想像、虛構、筆鋒自由與筆鋒感情，有如文學。所以好遊記是文學與歷史的有機結合。離開了眞人、實事、現境的寫作，叫做寫小說，不叫做寫遊記。

高準這本「山河紀行」就文學欣賞而言，卷一「少年遊」勝過卷二「大陸行」，因其中有原始的生命力燃燒的火光，挾帶着詩的空靈與詩的想像，出沒毫端。就資談助，廣見聞，加深生活經驗與閱歷而言，卷二「大陸行」勝過卷一「少年遊」，因這些眞人、實事、現境的寫作，是按照多中選一的原則，把作者經驗裏邊的經驗如實地紀錄下來，也讓讀者羣獲得完整、突出、新鮮、深刻的印象。

幻滅是智慧的開端，寬容却是智慧的圓成。凡事易毀而難成。文學心靈的培育，原是長期而耐心的事業。英國人拿八百年的耐心，培育過莎士比亞那樣的戲劇家；法國人也拿八百年的耐心，培育過蒙田那樣的散文家。我們這時代，眞正缺少的，恐怕就是寬容的智慧。

突破波濤的脚印

——序高準《山河紀行》

曾祥鐸

王國維在《人間詞話》中，有這樣的兩段評語：「詞人者，不失其赤子之心者也。」「客觀之詩人，不可不多閱世。閱世愈深，則材料愈豐富，愈變化，水滸傳、紅樓夢之作者是也。主觀之詩人，不必多閱世。閱世愈淺，則性情愈眞，李後主是也。」詩人高準遊踪遍四洲，閱世不可謂不多，但其作品、材料旣豐，却又能不因其閱世之多而喪失眞性情。現在他的散文集《山河紀行》，就是這樣的一本書。它包括兩個部分，第一部分是以其早年所寫的臺灣山水心影爲主；而篇幅佔了三分之二的第二部分則是他近年突破波濤、單騎獨訪大陸之後，回來在國內外的報章雜誌上發表的遊記。它不僅具有引人入勝的文字魅力，而且處處又能讓你感到藏在文字後面的作者那顆熾熱的心！

睽諸我國傳統的著名遊記，如范仲淹的《岳陽樓記》，蘇東坡的前後《赤壁賦》與柳宗元的山水遊記等，似乎都具有除了敍事還有議論的特色，甚至將議論看得比敍事重要。以《岳陽樓記》爲例，范仲淹除了致力於描繪岳陽樓的景色之外，還大大地發揮了由這些景物而引起的感慨。最後結論是：有抱負的人，應該「先天下之憂而憂，後天下之樂而樂！」這句話，成了千古名言，整篇《岳陽樓記》，似乎是在襯託這個結論，讀這篇名文的人，可能會忘記其他敍述，却忘不了最後這個結論。《岳陽樓記》如此，前後《赤壁賦》亦如此，這是中國遊記的特色。

從這個觀點來看，高準先生的遊記，可說在極大程度上繼承了傳統遊記的特色。他不僅善於寫景抒情（這是詩人的專長），同時還能發揮深刻的議論（這却不是一般詩人所能做到的），有時儘管着墨不多，却已足以使人思潮起伏，爲之動容。所以，讀高先生的遊記，不能純然抱着讀一般旅遊文章的心情來讀，他在遊記中的議論，照我看來，往往比他的敍事還來得重要。在這些遊記中，我們可以看到像高準先生這樣一位在臺灣成長的詩人，懷着怎樣的苦悶、依戀與同情，用怎樣的目光，去看這一從小就被迫離開的故國山河，處身於壯麗的河山與宏偉的歷史古蹟（如萬里長城）中，是如何的撫今思昔，感嘆歷史的無情，又是如何的希望民族分裂的悲劇早日落幕，寄望於中國之早日復興！我覺得，這些地方才是這一本遊記的精華處，在其中，我們看到了高準先生那一顆熾烈的跳躍着的愛國心。更應該指出的是，高先生在其中所發的感慨與議論，不僅僅屬於高先生個人，同時也能代表不少新一代知識份子的看法。因爲，凡是愛國的知識份子們，沒有不對今日的分裂局面感到痛心而渴望祖國之統一的。同時，又因爲看到今日之分裂情形，比歷史上任何時期的分裂更爲複雜，更爲澈底，這使將來的統一，會變得更爲艱難，因而也令人更感憂慮。

中國自古以來的確經常分裂，如魏晋南北朝、殘唐五代、宋遼金，以至今日海峽兩岸的對立。細算起來，恐怕混亂與分裂的年代，與太平統一的年代，都差不多長！不過，過去的分裂，儘管時間很長，却不像今天這樣的壁壘森嚴，甚至密不通風，老死不相往來。在過去，分裂儘管分裂，但每每常有來往，雖然彼此之間也常有征戰，但在平時則依然互通音問，在不妨碍國家安全的前提下，一般的來往是向來不禁止的，商業與文化的交流甚至還會受到鼓勵。

臺灣海峽的波濤，將兩岸分隔了三十多年，歷史的與現實的種種因素，使多少人都渴望能更客觀、更正確的去認識與理解海峽對岸，這將是一種非人力能完全阻擋的歷史潮流。高先生這本遊記，除了是一本極可欣賞的文學作品之外，也是一本符合歷史潮流的著作。更由於作者的才華與功力，在處理這些複雜的題材時能得心應手，顯得流暢自然；在文字方面，不僅語言精鍊，極富於表達力與感染力，尤其能給人一種意境雄奇的感覺。在思想性與理論性方面，也具有高度水平。至於高先生在其中所顯示的對我國傳統文史知識的豐富，連我這位專攻歷史的人也感到敬佩與驚奇。本書的出版，對此時此地的讀書界，是一項可貴的獻禮。而我相信，在日後回顧時，將更會肯定本書在今日所發揮的歷史功能與貢獻。

自序

這是我的散文集，分爲上下兩輯。第一輯「少年遊」，顧名思義是較年輕時的作品，主要是臺灣的遊踪心影，也包括兩篇第一次赴美時遊覽博物館的記述。分別寫於一九五六至六九年。其中最後一篇《苦澀的鄉愁》雖與上述題材有別，却也正好形成了與第二輯各文的紐帶。第二輯「大陸行」是我在一九八一年十一月訪遊中國大陸後的遊記，陸續寫於一九八二至八三年。第二輯的篇數雖比第一輯少，字數却多了一倍多。

這兩輯作品，在文字格調上似乎有些不同。但這也可見出隨着年齡的增長與心情的遷化而有着風格上的演變。前者是以少年情懷中的臺灣山水及對異國藝術的觀感爲主要內容，文字風格基本上是浪漫而富於幻想的。後者是以壯年心緒中的大陸山河及對中國文物的觀感爲主要內容，文字風格基本上是寫實而夾着議論的。可說正好成爲一個對比。但它們寫的都是以山河的遊踪爲主，那麼，就總稱爲《山河紀行》該是適當的書名。

本書的第一輯各篇，以往曾收入我的詩選及抒情散文選《葵心集》之中，該書在臺已告絕版，現在把它們改列在本書裏，應是更合適的位置。至於我的詩，現在也已增訂改編爲《高準詩集》，最近也將出版*。幾首與大陸之行有關的紀遊詩，則已輯入新編的詩集裏（本書相關文字中引入了兩首）。那麼，到目前爲止，我所寫的論述文以外的文藝性的作品，除了淘汰了的一些外，就都在這兩本書裏了。我誠懇的把它們呈奉於讀者的面前，也期盼着獲得讀者誠懇的指教。

高 準 一九八四年九月十五日

*按《高準詩集》已於一九八五年七月出版。

卷一　少年遊

郎靜山攝

昨夜西風凋碧樹，
獨上高樓，望盡天涯路！

春的脚步

那不見陽光的季節，那多長的日子啊——寒風呼嘯着，陰雲滿佈着，刺骨的氣流壓迫着我們。

現在，可該嗅到些微春的氣息了，原野上的土地變軟了，河畔的草叢顯現了新綠。而春的脚步是輕緩的，早春帶來的仍是雨，歡樂的影子，只隱約的透出這薄薄輕紗，在我們眼簾上蕩漾。細雨迷濛中，鶉鴣鳥咕咕的啼了。

可是我們是多麼想念着陽光啊，膩人的雨絲該休息了吧？山，都洗乾淨了；草，都綠油油了。雨為什麼還不停呢？每一個生物期待着歡樂，每一個生命盼望着春陽；「該來了吧」，小草們天天這樣想着；「該來了吧」，小鳥兒們天天這樣想着；「該來了吧」，孩子們天天這樣想着。

啊，黎明的鳥窠裏在喧嘩着什麼？喜訊啊！春的面紗終於揭開了。一片紅霞，一道溫暖的光。於是，每一枚嫩葉，每一朵花苞，每一枝幼芽，都顫巍巍的抬起了羞澀的笑臉；每一個生靈，每一片浪花，每一絲空氣，都響起了歡欣的呼嘯。太陽跳上了山巔，那溫暖的陽光投向我們呢。誰能在這樣美麗的日子中愁眉苦臉呢？

晴空如洗。那藍，也許你可以說它像海，但把它比海，它是何其的安恬而明淨啊；有輕輕的風，整個大地都浸入了陽光。陽光，浸透了那原野，那山巒，那樹林子，那小溪，一片跳躍着生命的綠！我聽到遠處小河的歌聲，澎湃的、愉快的、多够誘人的呼喚啊！

庭院裏，廊上的藤枝掛着大片的油油的葡萄葉，舖舒在纖細的架竿上，風輕搖着葡萄藤蔓，像微動的穗絡似的。陽光灑進了藤架，灑在小妹紅紅的臉上，柔和的金輝映着嫣妍的笑靨，葉蔭落上她的身際，鵝黃的衣衫，點染了綠色的斑點。

陽光照上遠處的山巒，青青的山巒呵，充滿了閃耀與幻想。陽光照入了林叢，樹林子裏歡騰着鳥兒的鳴唱。陽光撫慰着田野，陌上的柳條輕舞着蜜樣戀情的芳香。陽光，照透了每一個躍動的心房，每一扇門窗戛然開啓。心靈與心靈携手，飛向無盡的藍天，飛向綿綿的草原，……啊，心靈與心靈擁舞。春日的陽光呀，灑遍了每一片自由的土壤。

（民國四十五年春）

幼獅的夏天

——脚踏車千里長征記

一

遠在我稚弱的童年，我就常常嚮往着遠方的山，遠方的雲霞，我羡慕徐霞客，我神往於馬可波羅那種行萬里路的生涯。我想，有一天我也要漫步在遠方的山岡草原上的。啊，一個多麼悠久的嚮往啊！

今年暑假（一九五六年），我總算實現了一次「遠遊」的願望——我參加了騎自行車縱貫全島的幼獅大隊。

騎自轉車！奔向原野，馳向坦蕩的大道！想着就覺得這是件挺富詩意的事。

八月一日「開訓典禮」，却正遇上颱風「萬達小姐」。這眞是個令人不能忍受的潑婦！雨，像是天要坍下來似的下着，强勁的風，驅走了街上每一個行人。就這樣開始吧，一百四十六只臺北的「幼獅」，就在這樣的風雨裏，跨上鐵馬踏上了征途。這只是去行開訓典禮，路並不長，但從大同中學到中山堂，沒有一個不變成了蛙人——那是雨水、汗水與興奮的淚水之交滙！我們打勝了第一仗！

八月二日，正式出發。雨是停了，風却仍刮得極其的猛，自行車上的小旗都吹得挺挺的正對着我們的鼻尖。說也奇怪，怎麼轉彎也總是頂風，過桃園那兒，二十來度的下坡，車不踩就硬是不動。可是並沒有人氣餒，午飯說到楊梅吃就到楊梅吃，郡時已經下午四點了。而今天的終點站是頭份，還有四五十公里呢，風並沒有停。到新竹已九點，路上黑得伸手不見五指的，誰也不吭聲，到半夜一點光景才完成了這第一天百餘公里丘陵起伏的路程，「嗨」，大家都鬆了一口氣。最艱苦的一段越過了，誰個心裏不充滿了光輝？

二

次日在頭份逗留，頭份一是個寧靜的山城，街上偶然傳來幾聲冰淇淋、龍眼的叫賣聲，那淡淡的沁人心肺的甜味，眞叫人感到親切。

自頭份南行，一路順利，四日到大甲，五日到彰化。眞如徐志摩的句子：「順着這帶草味的和風放輪遠去，保管你這半天的逍遙是你性靈的補劑。這道上有的是淸蔭與美草，隨地可供你休憩；你如愛鳥，這裏多的是巧囀的鳴禽；你如愛人情，這裏多的是不嫌遠客的鄉人……」

到彰化後，直到七日，在八卦山露營。八卦山樸實得像一個村姑，滿山只是鬱鬱的相思林，間或有幾株火紅的鳳凰花點綴其間，更覺嫵媚逗人。山腰有一所溫泉旅館，泉淸水滑，窗明几淨。有不少人特地從遠方來洗溫泉的。傍晚從旅館前望出去，彰化全鎭盡收眼底，遠處可見海，海天一色，映着夕陽，十分壯麗。

一天兩夜的露營生活，也更「加速度」的增進了我們的「革命情感」，男孩子們，女孩子們，在這兒，一起佈置營地，一起嚐自己煮的菜，一起在烈日下帶着怦怦的心參觀國軍的實彈演習，每一件都是令人興奮的，每一件都是新奇美麗的。戰鬭演習是由八卦山攻鳳梨山的假設敵陣，一聲令下，但見煙塵漫天，對面山岡上開滿了火花。女孩子們說：「當兵眞有意思呢！」

三

天越來越熱了，沿路的蔗田越來越多，東方的山崗也越來越平了，是南部了呀！

離開了八卦山，八日過西螺，騎車過大橋計行八分三十五秒。九日到臺南，臺南有一種古老而恬靜的氣氛，我們參觀了赤崁樓，遙想鄭延平的風采，令人發幽古之思。去靶場射擊，嚐了輕機槍的滋味，在胸膛上跳得火辣辣的。

十日中午，高雄到了。途中作農村服務——下田幫村姑們種甘蔗，大伙兒種得很快，二小時就種了一大片地。下午去參觀鋁廠，鋁廠的規模非常大，可惜因爲時間關係，走馬看花的轉了一轉。走在裏面，只見龐然的機器轟轟的響動着，當我們最後看到鍊出來的片片鋁塊時，不禁油然而想到俗話所謂「一粥一飯，當思來處不易」的成語。小小的一塊鋁，這裏面充滿了無數工程師、科學家、與工人們的精神與勞力啊！

從鋁廠出來，趁汽輪遊高雄港。港內有好幾艘大油輪，都是我們海軍的戰利品，這是內港。外港就是西子灣了。十一日，我們整天浸在那裏，溫而微烈陽光下，任陣陣銀色的浪花衝擊着我們兩週來曬成古銅色的肌膚。遠望那無盡的雲天，那無盡的波動的藍色，幽邃蒼茫的海啊，「我今投到你雄渾偉大的懷裏，聖潔的水把我生命重施洗禮，你勸我們發揮生命的活力，熱烈的戰鬪，不要解甲降敵。不要像浮萍任風飄泊；你自己不住地奔湧活躍！」記不得這是誰的詩句。這海的精神，也是我們應有的精神啊。

十二日下午到達屏東縣的東港，這是我們行程的最後一站了，路旁計程碑四百五十公里，這就是我們「長征」的里程，但加上次日從東港騎回高雄的路程，我們「長征」的總里程大概就正好有五百公里了，也就是一千華里呢！我們眞禁不住有點「顧盼自雄」的喜悅！

自東港北回，到鳳山參觀了陸軍官校。踏進軍校，首先感到的就是整齊肅穆。政治教室最爲突出，壁上有地圖圖表，都以電流控掣其變化。學員的寢室整潔得完全沒有「房間」的感覺。嚴肅的氣氛令人屛息。

四

行程終於在十四日結束了。北上的火車中，每一個人都含着無限的依戀。十四天短促的戰鬪生活，給我們留下了太深遠的回憶。的確，原來都是天各一方，互不相識的，十四天的相處却在彼此的心靈上建立了無盡的友情。十四天的生活，一幕幕的重映在腦海裏：風雨中的開訓，狂飈裏的行軍，鳳梨山的砲火，八卦山的炊烟。手携手的登上赤崁古樓，輪子接輪子的跨越西螺大橋，薄薄的晨霧裏，雄壯的號角聲中，肩並肩的集合、早操、會餐，以及臨別時比電影明星更忙的相互簽名，啊，這一切我怎能忘記呢？

想到我們兩週來，每天當太陽剛露出了她的眉梢，我們就在一聲銳長的哨音裏起身，淸晨淡淡的輕風裏，綁上十來公斤的行李，與高彩烈一個接一個的走上望不見底的路。我們流汗，我們喘氣，我們奮鬪，我們歡笑！每到一個村鎮，夾道的歡呼，迎送我們更堅强的踏上絢縵的前程。多麼藍的天空，多麼青葱的原野！山崗，山崗是何等渾厚；溪河，溪河日夜的奔流。「有快樂是永遠不離自然的人們」，大自然召喚着我們：挺胸、齊步、抬頭！

回到家裏，親友們見了我都說：「噢！你黑了好多，累吧？明年還想不想參加戰鬪訓練？」我毫不猶豫的給他們一個肯定的答覆。

（民國四十五年十月）

秋在烏來

好不容易盼到個秋假，雨却飄的迷迷濛濛的；我與幾個同學在前兩天就約着要騎脚踏車上郊外去，瞅瞅天色，林子問我：「要打消計畫嗎？」我說：「晴天是屬於湖濱的，雨天則正該體會山的神韻。」於是，我們決定去烏來。

出了臺北市，就是枝柯交頂的林蔭道，過新店後爬了一個小坡，就到青潭橋了。這是柏油省道與去烏來的山路的分叉點。過橋才入山，雨却密了起了，紛紛霏霏的，打在身上秋意颯然。曲折的山徑，轉過一峯又是一峯，爬過一坡又是一坡，層層叠叠竟像走不完似的。雨之面紗後的遠山，飄逸得不可捉摸，三分淡紫，五分淡青，又兩分的迷茫。而近處的山頭，淡淡的抹上一團輕煙，繞山若帶，半透的嬝娜着，薄薄羅衫，引人欲醉。爬了一個繞七彎八的大坡後，就沿着新店溪往上溯行，先遇到的就是瑠公渠進水口的水壩。這兒的江面比下游碧潭不相上下，在陰鬱的天空下更覺壯麗，有一種壓得你透不過氣來的氣魄，那慘白的懸立的水面，那綠得要凝固的波濤，眞令人生一種戰慄而莫名的敬仰心情。馮子讚歎不已，惋惜遊客稀絕。但我想若眞到了仕女雲集之時，那它也就不復是現在我們所體會的這份美了。

到烏來已近中午，在小飯舘中胡亂吃了一頓，牛毛雨中，就往瀑布那頭走去。過一座吊橋後，山徑清幽如夢。除了谷底的泉聲，脚踏落葉的沙沙聲，就是偶爾傳來的番鼓聲了。溪畔青山蔽天，雄奇而神秘，像一堵堵翡翠屏風撲眼而來。走到瀑前大約需時二十分鐘。瀑布高可四五十丈，分爲兩折，與山徑隔着一個不很深的夾谷，奔瀉在峭立的斷岩上。銀亮的飛湍是秋天獨有的音色。瀑布下面巨石纍纍，溪水清可見底。對面有小茅亭，正好歇息。剛坐下，就有一個小姑娘泡一壺茶來。茶香而苦，面對飛瀑，慢慢兒的品啜吧！你曾仔細瞧過瀑布嗎？眼睛瞧看它時，那兩旁的岩石就好像在緩緩的往上騰、往上騰……似乎那整個山谷都在騰動了。不知覺中，我的身體，不，我的心魂，也在向上騰動着、騰動着……那飛瀑裏的水花像是一陣煙似的托着它，飛過了盤根錯節的藤蔓，飛過了蒼老斑駁的松枝，飛過了那削立的岩層，一絲絲的滲入了寒凜凜的大氣。一切的俗務，此時都抛到九天雲外了。寂坐茅亭，亭外飄着纏綿的細雨，酌一樽濃苦的茶，看山、觀瀑、聽飛瀑聲、聽風吹黃葉聲，還有什麼比這更美的呢？

咚咚的番鼓聲，引着我們走向那山地舞表演場的清流園去，這是瀑布下遊的一所竹棚子，臨靠着的溪水綠得發藍，很深的夾谷，像是不大受得到陽光的。棚子挺寬敞。舞着一種頗爲純樸而幽雅的舞姿，有原始的古風而沒有一點兒野蠻，有活潑的情調而沒有絲毫的佻撻。她們的風姿正恰如這兒的山巒與溪水——瀲灩空濛而清麗：她們穿着大紅的裙子，裙子不大，前面開一條短叉；玫瑰的上衣，很短，露出腰際鮮麗的肌膚；頸際掛着一些絡纓環珮，雙頰紅艷艷的，眸光裏流露着多少初秋的夢寐！臺灣山地族的少女，就是這樣美麗的呀。

別了烏來，忽已一個月了。想念着它的秋色，該更深了吧！

（民國四十五年十一月）

附記：

這是一九五六年時的遊記。現在的情況，早已完全不一樣了。北新路上的林蔭道固然早已沒有，烏來的一切美景可說也早已完全被都市的污染所摧殺。總以爲青山長在，白石清泉總要比人來得恒久。誰知萬千年屹立的清幽竟在我眼見的十幾年內化爲烏有。舊稿中檢出此文，已只能當作「考古」資料看了。那麼，就以此而讓人對照一下今天的鳥來，感知到保護自然、防止汚染的急迫，倒也不無積極的意義呢。

（一九七八年九月附記）

然則這能超越所有其他的山，代表所有其他的山嗎？不，不。而我從這裏是認識到了山的精神，感應到了山的偉大的，且他又給我以活力，給我以歡樂，給我以振奮。

一共只五天，這回對山的接觸。我們是三十一個，從霧社走橫貫公路到關原，翻過了一萬英尺的合歡山。我們是徒步，總共不過走了八十公里吧了。可是，「這是山」！如一盞醁醽，我只淺嘗點滴，而已懂得了酒了。

山的心影

八月十八日　星期一

我們在霧社報到，我和松棻兄同行，到時已是傍晚了，接待站設在毗鄰的霧社農校和霧社仁愛國校。它們隔着一條枝柯交頂的山徑。農校有較多的校舍，後面植着一片水蜜桃林子；仁愛國校進門是一片廣場，周圍栽着松柏，一排校舍，後邊臨着深谷。山谷對面翠玉般的羣山層層排列着，谷底一流清淺，滙成一個小湖，盡頭就是萬大水壩了。

這裏是在三千五百英尺的山腰，與臺灣的平地相反，它缺乏的是炎夏。是八月，而晚風裏已帶着微濃的秋意了。由於遠處的天空已被山嶺佔了去的緣故，看見的雲都是在頭頂，黃昏時沒有絢麗的顏色，却像屋頂上的積雪，成條兒的，厚厚的，且是那麼鬆而潔白，嵌在涼涼的藍顏色裏。這是有着更大的和諧的，若把它城市裏喧囂的暮色相比。

當晚的節目是練唱高山野營歌，全隊圍坐一室，音樂教師踩着風琴，令人大有時光倒流、童年可再之感。我似乎看到了很多熟悉的面孔。散會後，驀地就侵入了冷的夜氣，地面黑漆漆的，偶一抬頭，滿天的星子却閃花了眼睛。我自來從沒見過天幕上佈着這麼多的星，後來山上幾天的夜裏也沒再見着。那麼密密痲痲的閃着。閃得那麼認眞，那麼嚴肅。我望着那些認識的星，他們仍是最亮的一羣。耀亮我們的心靈的，豈不是那些跟我們有共通情感的星子嗎？

夜裏很冷，眞想不到，蓋了兩條氈子還覺不够。後來到高山上，晚間當然更冷，松棻加上了毛衣睡還打抖呢。當地人說，每年到了十二月裏就要飄雪了，直到第二年的三月才解，積雪可達一丈來深呢。雪，想到雪我就興奮起來了，已多少年沒見它了呀——但可惜我還是沒有這緣份。我想，很多的事還不都是這樣嗎？它帶着一身的燦爛打你面前走過了，而你，也許是放過了機會，也許是得不到機會，就這樣讓它過去了，再也抓不到……。

八月十九日　星期二

羣山如巨人似的屹立着，清晨，它精神煥發的向我們挑戰！我們呼嘯，谷底的回聲嗚嗚，法國號、木管、蘇格蘭長笛……——進軍的號角齊奏！我們精神煥發的迎上前去！谷底的小湖，現在滿蓋着雲，雲在我們脚下，少頃，散向四周，露出一方碧綠的水面，這時天已大亮了。我們去廬山。

走過峭壁，走過吊橋，走過夾谷，走過曲折的山洞。而途中，龍雲橋那兒是集四者之大成了。在龍雲橋上丟一球紙，誰都要看看手錶，這時間是太令人不耐煩了。夾着橋的是金紫色的石壁，像造化方劈之以鈍斧，那麼傷痕纍纍，瘦硬不平的裂開着，自谷底直拔雲霄。橋長百餘尺，纔可行車，上下都吊着鐵索。過橋，緊貼着的是一個山洞，鑽進峭壁後，轉一個彎，却又豁然開朗，進入了另一個境界。

龍雲橋下的澗中流的是濁水，過橋後轉過彎，溪中的水色却不同了，潺潺着的是凉沁沁的激濺着白色浪花的淸泉。羣山高而且厚，滿覆濃蔭。

近午時分，轉入一條下坡的小道。剎不住脚的衝了十來分鐘，到了溪邊，前面掛着的是一座我們幾天來惟一遇到的鐵線橋。因爲離水面不太高，所以並不怎樣驚險，不過有百餘英尺的長度，和不過一英尺的寬度，加上「不得三人同時過橋」的木牌子，倒也着實使我們感到一點刺激。過橋就是廬山了，這一帶的景緻又完全不同，幽雅而舒坦。一條碎石子路，夾道植着櫻花，復行數十步，土地平曠，屋舍儼然，佈置着日式的庭園和三座日式小屋。中間的一座裏，客間裏掛着一方大木匾，上書五個大字：「天下第一泉」，前面小字寫着「廬山溫泉招待所」。

廬山的溫泉與烏來的相仿，沒有硫磺質，淸可鑑人，據說可治很多病，對胃病尤有特效云。溫泉是用粗大的管子從深山裏引出的。這裏的浴池，一個是露天的，長可二十公尺，可以游泳，另一些在室內，那就和草山北投的浴室沒有什麼分別了。洗於溫泉，然後臥下，看悠悠雲影，這時眞是寵辱皆忘，心淸如洗了。處世外桃源，若有不能忘者，或惟藝術與愛情耳。

招待所後面有條小徑，是通往鐵線橋下冷泉的上游的，路極狹，到後來要攀藤附葛而行。夾谷之中，正是「青峯入雲，隱天蔽日，素湍綠潭，迴清倒影」。溪流繞山成一個S形的大轉彎，一近數十丈的瀑布在這裏瀉入。這瀑布我們是在離廬山數里之遙就望見了的。此行我原想沿途寫生，但隊中無一同好，大家忙着趕路，使我無法停下來，至此，趁大家濯足清流，作畫一幅。

回到霧社，又是傍晚了。

霧社的夜，竟是那麼多姿多彩。青年的生命呀，在歡笑中流過吧！我們的晚會，洗盡了一天的疲倦。晚會的節目一半是我們自己的，一半是當地的山姑們的。她們看起來是那麼天眞，甚至令人覺得她們的身軀是過分早熟了。生長都市的孩子往往有過多的自我意識，心理上的早熟。而可愛的是童心般的天眞哪。這裏充滿了純樸的空氣，使我們每人都拆除了過多的籬笆，在都市裏這是不可能的，而在這純樸的原始風的歌聲裏，我們是物我兩忘了。一切的外衣，一切的束縛，都暫時的被抛棄了。我們不爲什麼的唱着，我們不爲什麼的跳着。我們平日的生活中能有幾件是不爲什麼而作的呢？在有所爲而爲的活動中，人不過是環境需要的奴隸罷了；在無所爲而爲的活動中，人才是自己心靈的主宰啊！哲學系的松桊興奮的對我說：「平常我無不在逃避生活，而今晚我乃進入了生活！」

這裏的山地的女孩子很多都像是 Rubence, Renoir 筆下的人物——如此之胖。但當然也有不一樣的，那個披着長長的鬈髮、大眼睛、長長的睫簾的，是我們都認爲最甜美的。最後我和她一同跳「啦嘻舞」（註），她說她住在去廬山途中的春陽，可是我們再不會到廬山去了呀。

結束了晚會，又浸入了冷的夜氣，於是又回到了現實。明天，更漫長的山路等待着我們呢。

（註）舞時她們並唱歌。歌中時呼「啦嘻」（山地語快樂之意），不知何名，因卽以爲名。

八月二十日　星期三

向霧社告別，揮手，向蓋着雲的小湖告別，背着背包，向水蜜桃林子告別，帶着便當、水壺，在我還有畫具，向霧社告別了。

有大路，也有小路，大路寬坦而迂廻，小路陡狹但是較短，我們都選了小路，却想不到小路是這樣的費勁，汗流浹背，胸部有如拉風箱然。走到見晴而轉上了大路。已有五千多英尺了，展現出一個坦蕩的山坡，是極好的牧場。據稱牧場總面積在一千甲左右，可飼牛一千餘頭。這裏有清泉。清冽的泉水從乾燥的雙唇流貫周身的血管，我們消失了汗，升起了力，遠眺羣山，也更升起了崇敬。在這裏呼吸的是更清冽的空氣，陽光和煦，一切都是那麼晴朗，山坡上開着叢叢的野花，許是野菊花呢。

從見晴到立鷹，大都走在山脊上，這一段較比單調而枯燥，陽光也烈了起來。越走我們越覺得山的偉大，當我們精神煥發的迎上前去，他遙遙屹立眼前，當我們走得已精疲力竭，他仍遙遙屹立眼前。他是那麼不可企及，他偉大而可怕。松棻一臉困苦的看看我，我說「加油吧」，「不行了」，「那怎麼辦呢？」「找點刺激的事物來談吧」，「好啊，談什麼呢？」他想了一下說：「談女人吧！」他經驗豐富，於是自然是我傾聽的時候多，而當他談完了的時候，感謝天，出現了新聞採訪隊來的記者小姐。山不再可怕了。

到立鷹已近中午，立鷹已近七千英尺，天空裏再不見一隻飛禽，「一翅膀飛過一個山頭」的老鷹也止步了，大概都就是所以叫「立鷹」的原因。遙望能高山，青紫一片，但脈絡很清楚。

下午二時半到梅峯，「這眞是一張 Pissaro 的風景」，松棻不禁呼了出來。衰草秋林，數椽茅屋，藍空白雲，一叢叢深褐色的大樹，近處起伏的丘陵是強烈的黃色，舊破的茅屋在這裏顯得無比的和諧。我與領際搓商了半天，答應我和松棻留下寫生，草草趕成一張。一路上坡，他的精神又壞起來了，是呀，現在記者小姐已先走了。他精神壞到連談女孩子的興趣也沒了。

自梅峯前行，經翠峯，至櫻峯，就完成了今天的行程。翠峯一帶山巔上長滿了竹子，那竹子都高不足二尺，原來每到多天，雪就壓住了它們，所以總是不高。翠峯以後，雲霧漫山遍嶺，置身雲中，數尺以外無法見物，眞不如想像的那樣美。至櫻峯已近五點，這裏是八千一百英尺了，我們住的是工務段的小茅屋，無電燈、無自來水、甚至桌椅也沒有。席地而坐，圍爐而食，山風搜搜，發人寒噤，連晚霞也凍得紅慘慘的。日落後，夜氣更覺逼人肌膚，一星燭火，螢螢如豆，擁衾談笑，別是一種風味。似乎文明已是遠遠的，離我們的社會，也是那麼遠，那麼遠了。黑暗裏，似乎山在走過來，帶着蒼老的嘆息與沉重的步履聲，緩緩的，如一個黑影，向我逼近了，又不回顧的自我身後遠了去。

八月二十一日　星期四

晨起，以泉水洗臉，涼澈脾肺，精神振奮。

仍是上坡，一路上全是針葉林，杉木岸然而立，老松勢如虬龍然，枯樹也非常多，幹是白的，往往空心，主幹率多折斷，僅存其半。

漸行，空氣愈冷，瑟瑟有深秋之意，空氣復漸稀薄，加上行路的喘息，呼吸眞感到有點促迫。俯視昨日的山巒，昨日如此傲岸的峯岳，一一在我們脚底了，正是「會當凌絕頂，一覽衆山小」，而杜甫在泰山之巔可以「盪胸生層雲，決眥入歸鳥」，在這兒，雲在我們脚下，鳥更衝不入我們的眼簾。

是山頂了！一到昆陽，合歡山主峯就只隔着一個淺淺的山谷站在我們面前。繞過山谷，路緊依着峯頂了，一萬英尺啊！這裏是臺灣公路最高點。合歡山上一片嫩綠，間雜着幾塊深綠色。嫩綠的是柔密的野草，深的是松林。峯巔上蹲着幾塊紫褐褐的岩石，除了寒凜凜的大氣，再無一物在上面屹立了！西望羣山，如波浪似的層層起伏着，一波比一波淺。而回首向埡口東方望去，羣山之外，層雲下有一線微藍，那是海呢。不，是太平洋。俯臨一切，這就是山！

海匍匐在你底足下，向你膜拜
是無數的信徒在吻着聖者的雙足？
或是海是你的仇敵，竭力嘶聲

伸起拳頭，要推翻你的寶座？（覃子豪詩）

山，山是這樣一個使人非膜拜卽要將他推翻的「英雄」嗎？豈其然！山崇高，但與廣袤的空間相比，它掀起的豈非不過地殼一陣微弱的波動？山是以沉默。山有自知之明，山謙虛而有適度的傲岸，山剛毅木訥，山是仁者！山任你膜拜，更任你踐踏，山是臨刑的基督。眞正的英雄必如山，人們儘可踐踏他而他是無法推翻的！雲翳包圍他，風雨吹盪他，但人們在那裏呼吸時，比別處更自由，更有力！

山前的谷裏滿舖着肥嫩的草，坡平如波，冬季可以滑雪。松棻說它像壞女人，他解釋道：「它令人多麼想躺下去，那麼綿輭輭的。可是一跳下去，再也上不來了。」也許吧，但那是谷，不是山。

過合歡山後，一路都是下坡。我們的步履也快了走來，方才在山頂披上的毛衣也脫了下來。中午就走到了40K（沿路地名很少，由於這是橫斷公路霧社支線，各處以距霧社公里數來稱呼）。這裏有小小的市集，可買到麵點水菓。由於氣溫關係，水菓吃來均似經冰過。這裏離我們行程終點的關原只九公里了，橫斷公路本已全部可以通行，近日因颱風施威，又把它「橫斷」了數處。此去關原全是小徑。一路至此，我們遇到了不少路工，他們大都是國軍退除役士兵，只一小部分是招募來的。他們工作經年，不但流汗，還流血，犧牲了不少生命，才修成了它。有炸死的，有跌死的，有凍死的，據一個路工告訴我們，與他一同上山的有二十六人，現在活的已只有五個。誰說路是人「走」出來的？哪一條路沒有披荊斬棘流血流汗的開拓者！

去關原的羊腸小道，全打原始的黑松林裏穿越，古木參天，仰視高不見頂。響晴的藍天下，微風過處，松濤霍霍，眞似「萬里卷潮來」，「淘盡千古風流人物」。透過松林，崎萊主峯充滿了整個眼簾，看來像是很近，近得那樣稜角分明；又像很遠，遠的那樣藍滲滲的，虛無飄渺，使我總覺得有海包圍看它。

關原與峯櫻高度相若，到時時間還早，但天色陰晦，四顧茫然，原來它已整個埋入雲堆，雖處崎萊山下，亦不見山影。夜宿木屋，與工務段員工擧行燭光晚會，一以聯歡，兼以取暖。

八月二十二日　星期五

雖然仍是響晴的藍空，崎萊山也淸晰的出現了。想到就要告別所有的山，大家都有點懶洋洋的了。幾天來，我們流汗、喘氣、興奮、歡笑，每上一個山峯，總有更高的山峯在等待我們攀越，晴空如洗，薰風淡蕩，能高山、合歡山、崎萊山……

不可搖撼的神奇，
不容注視的威嚴……
是誰的意境，是誰的想像；
是誰的工程與搏造的手痕？
在這亙古的空靈中，
陵慢着天風、天體與天氛！（徐志摩詩）

山，這「古聖人的祈禱凝成的不朽的憑證」，一一消逝在身後了。

走回到40K搭卡車下山，一路黃塵滾滾，兩天半流汗的纍積，三小時內全消蝕盡了。霧社別離三天，現在回來，倍覺親切。

當晚又有晚會，節目與上次差不多，但那抱着長長的鬈髮的女娃沒有來。松棻很得意，請到了他最欣賞的那位共舞。會後，他卸除了哲學家的嚴肅說：「她的手好輭噢。」我却想起了咪咪，我答應她要去高山採一朶白雲，而我帶回去的將只是對山的懷念。

（民國四十七年八月）

霧社廬山記

能够撇開都市的囂喧，到霧社廬山來盤桓數日，將是一次難以忘懷的假期。

霧社的廬山，它不比江西的廬山那樣有着歷史上的盛名，它沒有沈周的丹青爲它暈染，也未曾有詩人爲它詠吟。但當你來到它的懷裏，它給你的永遠是一份清洌，一種超越，一縷溫馨，一片無名的喜悅。這是一面不須拭擦的鏡子，將照澈你疲倦的靈魂；是一個不識榮利的少女，帶給你絢麗而永不破滅的幻想。

廬山，說得正確一點，該是廬山溫泉（値得讚美的是這湧着溫泉的山谷，在山頂上還有一個叫做廬山的小村子就沒什麼值得費辭的了），它與霧社是相距八公里的緊鄰。到廬山來一定要經過霧社，而到霧社的遊客，也沒有不到廬山來一瞻風采的。而在行政區劃上，它們也都是屬於南投縣的仁愛鄉，霧社則是仁愛鄉鄉公所的所在地。

其實霧社也已經是够迷人的了。但霧社美的是它的展望。當我們從車站向南走到霧社抗日紀念坊，或者向北登上介壽亭的時候，我們就可以看到，它竟是那樣大方的把一切美好都坦然的呈現在我們的眼前。最誘人的，當然就是那一湖碧綠了。陽光照着它時，遠處是一種最最柔嫩的縹青，中間是一帶淺綠，近處才是翡翠色的。在日月潭我沒看到這樣的色彩。可不是？這正是她最動人的姿色，又何能隨意假人模仿？等你稍定一下神，不再眩惑於這湖水的異彩的時候，你就可以看到那些周圍的山、雲、和天空的瑰麗了。最好是在介壽亭，你可以看到最完整的景像。最美的就是嵌着霧社街道的那一座：滿山的叢林，實在都是很高大的樹木，而在這裏看來，却像絨氈似的，非常好客的，眞叫你想去擁抱它。擁抱一座山！啊，多大的雄心！但當你站在那裏時，一點都不會覺得這是一個可笑的念頭，不，你感到的是眞實，是眞實的願望，是眞實的可能。氈子蓋不到的地方，是淺黃色的，那是山胞種的玉米與小米。農校那幾棟紅頂的屋子，更點綴出燦爛中的嫵媚。看着這山，我常常就想起摩西祖母的畫來，那樣純樸，那樣天眞，那樣充滿童話似的幻想。但這樣，也許你又要失望了；它是這樣的秀麗嗎？山，豈不應該莊嚴而肅穆，渾厚而峻偉？那麼，你放眼看全部的山景吧！山，尤其是霧社的山，怎會不具有這些品德呢？這樣的層巒疊嶂，這樣的崇峯邃谷，這樣清的天宇，這樣白而大的雲塊……夠了嗎？「披襟當風，寵辱皆忘」的境界，你在此應可得到會心的體驗。

而廬山的美是深藏的。你若不在這裏住上幾天，你是難於瞭解她有多麼美的。當然，當你從霧社東行，經過春陽的山胞村落，經過高懸在百仞削壁上的雲龍橋，待峯廻路轉，而廬山溫泉那整個山谷出現在你眼底時，也已足以使你一見鍾情了。滿眼鬱鬱叢山底下，那一片溫柔的新綠；疏落在其間的那幾棟玲瓏的屋子，那兩道在此相會的清澈的小溪。你會懷疑這不就是武陵漁父的桃花源嗎？只是踏上這一片夢土，經過的不再是一個曲折的山洞，而是一座裊娜的鐵線橋吧了。那鐵線橋長約六、七十公尺，下距亘石纍纍的素湍亦有數十公尺，隨風搖曳，臨空飄盪，膽小的人恐怕不敢走呢。我就遇到過一位先生，走到橋頭竟無論如何也不能提足，竟此廢然而返。但你若不能領略這一點小小的「冒險」的樂趣，恐怕你也就難於體會這幽谷的素樸的純美。這裏絕不像陽明山——到處是刺眼的彩色的亭臺，以及「魚樂園」之類的那樣庸俗的「建設」。她不須濃粧，也無須淡粧。荳蔻年華的處子，又何須任何粧扮呢？她帶給你的不是興奮，而是聖潔，不是一時的歡快，而是永恒的安恬。

每當我一走過那鐵線橋，那長長的夾道的櫻樹梅樹——遠處是一片迷茫的蒼翠，總會引起我很多溫暖的鄉愁，交織起一片如在眼前的童心般的夢幻。的確，這裏是很江南風的，成羣的梅樹與櫻樹，間雜着松、柏、楊柳、與桂花。細小的朱紅杜鵑，也不像陽明山的那樣熱鬧，而只是很含蓄的微笑着。至於椰子、檳榔與芭蕉之類的熱帶植物，是一株也沒有的。而說她像江南吧，她又不像吳娃越女那樣的膩人。江南沒有這樣高的山，江南沒有碧華峽道那樣的清奇的景色，江南沒有牽着狗、裸着身的山地人與他們的茅草屋，在婉麗中點綴着豪邁。

還是且慢到碧華峽去。你若是從山外來遊，到這兒也該很疲乏了。那麼，先到溫泉裏洗個暢快，該是最好的建議。這裏的溫泉屬鹼性礦物泉類，純然無色透明，清潔滑潤，並能治神經痛、氣管炎等多種疾病。有不少遊客是專爲洗溫泉治病而來的。兩座旅舍的溫泉，分別引自兩條溪的上游。方過鐵線橋那家叫碧華莊的，其水是引自碧華峽那端所湧出的溫泉，裏面那家廬山溫泉旅舍，其水則是從另一條溪流上游的溫泉源引來的。除了室內的浴池，這裏還有一個露天的大浴池，你若與緻好，還可以在裏面游兩下子呢。說到游泳，鐵線橋前方的溪中是最理想的處所。那溪流上下都有大塊大塊的石頭散布着，獨獨這一段却是淺水平沙，沒頂的深處只有很窄的一帶，不太會游水的朋友，不小心到了深處，也只要順水飄一分鐘就到了安全地帶了。溪水又凉又清澈，而兩岸又多的是天然的溫泉，冷泉裏泡久覺得冷了，轉身就可以到湧着溫泉的沙灘去調節一下。

洗過溫泉，疲勞也恢復了，現在就可以到碧華峽裏去探一探溫泉的源頭。假如說碧華峽是一座小型的太魯閣，那麼碧華峽要清秀得多了。太魯閣給人的是驚駭，是雄險，是力的壓迫。而走在碧華峽道裏，你將同樣有驚險的感覺，但却另有一種悠然而消遙的意趣。峽谷距小徑上下各數十丈，寬則不過五丈許，小徑則鑿壁而行，寬不盈尺。谷中清泉潺潺，飛湍於白石之間。削壁上雜樹中有叢叢翠竹。那一份清奇的氛圍，眞不禁會使你以爲自已是國畫中著寬袍而策杖行吟的高士。它給你的總是一份與自然合一的感覺，而不是征服。你不能像在太魯閣一樣的以妄想征服山的野心家自居，這裏沒有爲野心家準備席位。這裏不是英雄的耀武場，這裏是劉郎與阮郎的洞府。在峽道裏曲曲折折的走上約二十分鐘，溫泉源就在望了。是的，這就是溫泉之源——從石壁上突然冒出了蓬蓬的沸水，大片的石壁滑潤的蓋上濃黃墨綠與赫紅，那是溫泉所含的特有的成份所造成。而陪伴着這神秘的氳氤，我佛如來顯現了祂的法相——一座簡陋的觀音亭悄悄的立在路旁。小是小極了，但仍然顯現着莊嚴與靜定。這就是神啊，祂又豈在乎形象的如何呢？而祂在處，總是給了你肅穆與仰望，沉靜與反省。繞過觀音亭，走上一段似是通向山頂的小徑，一轉彎，就是那叫做幽仙瀧的瀑布了。我很喜歡這名字，起得好；他確是幽雅瀟洒的，頗有仙氣的，在那裏滿不在乎的睥睨着。那另一條溪的上游的溫泉附近也有一道瀑布，雖比他高，却就不如他的「幽」而且「仙」了。

碧華峽、溫泉與冬季的櫻花，是這裏的「名」勝。但我更愛的是這裏的無名的勝景。其實不必說是什麼「勝景」，只是那一份情趣吧了。春來時的青梅如豆，細柳如眉；春秋不絕的撲鼻的桂花；夏日高朗的晴空；晨光曦微的羣山……永遠是一份安閒與爽朗，寧靜與清趣。帶一卷書，到碧華峽口的崖邊那直通溪底的石階上坐下來朗誦，是我最心愛的享受了，（那石階本是爲測量水位以建萬大水壩而砌的，現在最是人跡少至）渴了時，你可以隨手摘幾顆野生的草莓或蕃茄。那蕃茄只像梅子般大，紅得像瑪瑙球似的，眞捨不吃呢。或沿溪而行，時或躍登巨石，時或濯足清淺，痛逝者如斯，不捨晝夜……溪水淺處，捲起袴管就可以涉到對岸，隨心所欲的漫步着，眞不知谷外尚有風雲！或明月初昇，與兩三童子，一手持火炬，一手持魚網，足登草鞋，涉溪水而漁，這又是另一種樂趣。或清夜獨步，走到鐵線橋上，隨風搖曳，四顧茫然，惟有流水淙淙，繁星滿天，這一份情境與感覺，又如何能以言語表達呢？

我自四十七年夏第一次來到這裏，就常想得一個閒暇來住一段日子，也可略遂自幼嚮往着的林泉之願。這個暑假總算是來了。但記得四十七年那次來時，同時並曾徒步登合歡山，回去後，寫了一篇記，叫做《山的心影》，寫到廬山時，我曾說：身處此境，眞覺心淸如鏡，所不能忘者，或惟愛情與藝術耳。而我這次來此，旣爲求「忘情」而來，又連畫具也沒有帶，倒眞是萬念皆空了。恐怕也就是因此，才更能充分領略這裏的幽趣吧？閒居之餘，遂爲之記。

（民國五十二年八月廿四日於廬山碧華莊）

史克蘭溪畔一夜

雨終於停了。大家很興奮。我們在環山已經困守了一天一夜。環山是一個山地村落，名符其實，周圍都是高山。山谷裏是一叢叢蓋着石片頂的簡陋的屋子，一所只有三間破屋的國民學校，一些不太有生氣的玉米田，很多的梨樹。有點原始，但並沒什麼神秘的異彩。只有梨子很多而很甜，是可愛的。西邊那山的後面的山的後面的山，就是雪山，就是我們要去攀登的山。它的高度比之久稱臺灣第一高峯的玉山，還在爭論着。不知這是否也算一種野心呢？我們一羣毫無登山經驗的大孩子，想踐踏它的頭顱！

背起沉重的背包、營帳、炊具和糧食，我們出發了，今天要爬到賽良久，在那兒紮營。翻過西邊的那山，穿過一些荊棘叢，就見到了史克蘭溪。水不很深，却很濁很急。沒有橋，有一株樹倒在溪上，我們就抱着樹幹涉過了去。又走過一些石壁，又跨過一座木橋，於是就要翻那第二重的山了。這山景較有一點可愛，陽光照着，就有了一種自由的快感了，雖然汗是不停的流着。不，流汗得到的征服吧？我忽然有點想回去。

翻過了這山已到了史克蘭溪的上游，水是晶瑩瑩的，又涼爽，又頑皮，跳着動人的舞。我們就停下來，躺在樹蔭下，聽着泉聲，也有人吹起口哨。大家都很快樂了，像所有的初獲勝利的人一樣。

沿着溪谷又走了一小時光景，就到了攀登雪山的起點。在山麓前是看不到它的偉大的。只是一片鬱鬱的蒼茫，無窮的向上昇起，沒有路，依循的是它的稜線，我們就在這稜線上向上爬。一點也不誇張的計算，總有七十五度的陡峭。樹枝間全長着比人高的蘆草。這高度像是無涯無盡，掙扎着向上，向上，再向上，總是一片蒼茫，密密的蘆草，沒有終了，也沒有終了的趨勢，無所底止，不見天日。可是我們只有掙扎向前，沒有時間回顧，也不容思想。就像一種命運，你不願也好，總無從背棄。風在樹叢裏吹過，一陣陣山的冷笑，嘿嘿地，幽幽地，譏嘲着人與自然的抗爭。於是雲來了，雲去了，雲又來了，成了雨。

雨越下越大，肅殺，肅殺。殺在衣服上，殺在皮膚上，殺在肌肉上。流到頸下，流到胸前，流到兩股之間。而我們必須向前。我們今天必須爬到賽良久，到那兒才有一小片平地與積水，可以紮營與煮晚餐。到賽良久要越過這一個峯頂，然後就是雪山的主峯。

賽良久像是一個魔術的符號，鼓舞着我們走向它。好像只要到了賽良久，就有了一切。滂沱的雨中，希望，有時在閃電裏，慘亮慘亮，似可握住；有時在悶雷當中，迷迷恍恍。但終於「賽良久到了！」這雷雨交加的下午四時的荒野，顯得分外陰暗，而一切的希望亦伴隨着刹那的興奮而告終。因爲我們一切的物品都濕透了，背上來的柴木無法起火，雖然是秋夏之交，晚間氣溫將要迫近零度，勢非凍僵，卽將凍死。雪山在雲霧裏，將及而不可及，將見而不可見。現在，是領袖作抉擇的時候了。他下令：撤退！

從原路而歸，踉蹌回到那第一座獨木橋邊；却發現它已被山洪冲走。挾着滿身的泥水與疲倦，無法回到環山，那我們曾咀咒的地方，現在却變得如故鄉般令人渴望。這時，我們發現方才第二重山的半山中有一座山地人爲打獵時住而建的小木屋，多麼可愛的小木屋啊！

木屋裏一片漆黑，領隊很快的點起了火摺子，我們才看到它原來是用粗糙的連樹皮的木頭一根根的圍成的，兩側也有兩座小窗。進門左側地中央有幾塊石頭，那是生火的地方，上面吊了一板燻黑了的竹架子，想是烤食物用的。屋子一角有一座矮竹架，舖着一張鹿皮，這必是床了。進門右側，泥土地上，只放了兩只大籐籃，另外沿壁釘着幾條木幹，可以擱一些東西。嗨，這就是葛天氏無懷氏之民的居宅吧？不禁油然感到陣陣的古意，打四面襲上身來。

我們生起了火，熊熊的火舌，帶着濃濃的煙，燻得人又溫暖，又想流淚。大家把濕衣服都脫了下來，七手八脚的把帶來的食糧煮好了。好高興噢，但沒有人唱歌。

睡在泥地上，聽簷外雨聲瀟瀟，漸漸，停了。看黑暗包圍着一點薪火，終於火亦熄滅。夜何其靜！日間的雄心與盼望，竟都已成空。仰望着黑暗，啊，我却聽見一種聲音，它緩緩的，沉沉的，充滿了這小屋的空間。我聽到它在詢問：「人爲什麼要征服，要爭戰？人耗盡心力去換取征服，是值得的嗎？哪一種生物比人更貪心呢？假如人不能戰勝自己的野心，人又何能被救贖呢？」唉，是誰在說話呢？是誰在控訴呢？我什麼也沒看到。而我覺得接近自然總是可愛的，卽使是挾着征服的野心，但這總是所有的野心裏面極可愛的一種了吧？我來此原本無所要求，我只願站在那兒，站在深山邊緣的森林後面，靜靜的企待山降我以寧謐，降我以心靈的甘泉。可是，今天我做的却是征服啊！縱然是進行在猶豫之中，又何嘗不是一種潛在的侵略呢？無怪我不能體認山的可愛了。征服，征服，征服，人怎能征服自然呢？征服了自然，就失去了自然。失去了自然的人是什麼呢？怕只是一塊塊汚濁的有機體罷了。

窗外的樹影若動若靜，似乎有了月光，然月不可見。史克蘭溪如激情後疲憊的肉體，已無聲無息的，靜靜的流着。遠方揚起一些風聲，似欲代我作無言的歎息。

（民國五十三年九月至十月）

溪頭月夜的幻想

一上車就後悔了，我爲什麼要走呢？爲了一個不確定的諾言嗎？爲了與文生他們講過要到霧社會面嗎？其實他們各人有各人的伴，而且霧社我又不是沒去過，我本來就是打算明天纔走的。今晚，假如我留在溪頭，和她共度一個月夜，該多美好。眞笨。實在恐怕是因爲有點不好意思，她們這麼多女孩，只我一個男的留着，好像有一點什麼似的。看來我是個很膽怯的人。

靜夜如洗，月光這麼好。想着若在溪頭，月光洒着那滿山鬱鬱雲杉、冷杉、柳杉和柏樹們，樹影像水草似的交織在青草地上，和她散着步，任月光流洗着我們整個的身體。那該是個怎樣的情景呢？想想，假如沒有穿那襲紅衫，月光下她該是白玉的彫像。紅衫紅衫，今夜她是否還穿那襲紅衫？昨天黃昏她加了一件白色的外衣。對了；這就是我對她說的第一句話：「你帶的衣服不少呀，我方才見你穿着紅衫。」她笑笑，把外衣敞開，讓我看到那紅色。其實我早就知道她穿在裏面，外衣只把它遮住一半。紅色屬於她，白色屬於她。鮮麗是她的，純潔是她的；芬芳是她的，古典是她的。

啊，
你女神的風姿已招我回鄉，
回到昨日希臘的光榮，
和往昔羅馬的盛況。（註一）

可是現在不在海邊，這是溪頭的林間。鄭恆說林間女神的名字是Cybele，嗯，Sundays and Cybele（註二），她喜歡的電影。我也喜歡。「世人都戴着面具，你却要求眞實，所以你到處一無所獲；而樹却不是這樣。」是的，樹却不是這樣，她也說。當然了，樹是屬於

Cybele 的，Cybele 不是這樣。Cybele，Cybele，Cybele 有兩個音節，響叮叮的，她的名字也有兩個音節，響叮叮的，發音也那麼像。可不是哪，她就是 Cybele 呀。

本來早上文生他們就要我一起走的。她看到我沒有走，笑着說：「你沒有走。」現在，假如我在，她還會不會這樣說？我眞該留着，我要告訴她：「假如人生是一個追尋的過程，那末我已找到我所要找的，爲什麼還要走呢？」可是現在，現在她在想什麼呢？會不會因我走了而感到一點寂寞？還是在想着另一個他？老孟說她有一個他，我要走，她沒有挽留我。那她可能是有一個他了。那末她就會說：「假如那兒已有了主人，你還是不走嗎？」不會的。她那麼年輕，那麼天眞，那麼純，沒有一點心事。眞有趣，她不知道青蛙是蝌蚪變的。她一定不會那麼確定，否則他該會一起來，就像文生他們一樣。那末，她會不會說：「你那麼確定嗎？也許她不能接受的。」那我該不該把卜朗吟的那首詩背給她聽呢？——

你總有愛我的一天，
我能等你的愛，慢慢地長大。
你手裏提的那把花，
不也是四月下的種，六月才開的嗎？（註三）

可是假如她眞不能接受，那我還要到那裏去呢？那我就要告訴她，眞誠的，告訴她我要找一個機會，找一個機會爲她而死。我本來就覺得人不該活得太久。越年長，越汚穢。保持着赤子之心而死，上帝應降階而迎。不知道 Cybele 怎麼想。我想她將不會回答，她總是不大說話，只是溫柔的笑笑。但她現在將會含淚而笑，她不會沒有一付好心腸。她要坐在水池邊，低下頭來，讓我在她膝前跪下，把頭放在她膝上，讓月光從她的手上，流到我的髮裏，她腕上戴着的聖牌，覆在我的額上。我要再說上午對她說過的經句：「愛是恒久忍耐，又有恩慈；愛是不嫉妒；愛是不自誇；不張狂；不作害羞的事；不求自己的益處；愛是永不止息。」（註四）上午我對她說了，她也對我說了。我第一次看見這些句子是十六歲的時候，我很感動，却不知道它的眞義。第二次，是瑪利寫給我的，可是那次我看到它却一點也不感動。今天它自自然然的從我心中湧出，她也滿心歡喜的回應我。就像一道神諭，隨着陽光，穿過森林，流進了我心。可不是，她是 Cybele 呀！

月已中天，夜很涼。若在大學池那兒散步，該可以往回走了。一些淸風，在林間湧起濤聲，樹林子較稀的地方，它就悄悄兒溜過來，拂着她髮上的紅蝴蝶結栩栩如生。那紅蝴蝶在月下，却是玫瑰色的。記得上午對她說我第一眼就看見那紅蝴蝶了，她很高興呢。她說她願意永遠住在林子裏，不要回到囂喧的城裏去了。那我就爲她造一所木屋，爲她燃一叢松枝，然後，把我的生命也放在裏面燃燒吧。月光柔柔的，長長的，就像她的頭髮。想起陶潛的《閑情賦》：

> 願在髮而為澤，刷玄鬢於頹肩，
> 悲佳人之屢沐，從白水以枯煎。
> 願在眉而為黛，隨瞻視以閑揚，
> 悲脂粉之尚鮮，或取毀于華妝。

是的，她的眉也是淡淡的，畫了一下的。那我該「願爲」什麼呢？

啊，夜很深了，這時她也該睡了。霧社的夜，眞寂寞啊。

（民國五十五年三月）

（註一）愛倫坡詩：《給海倫》。
（註二）即「花落鶯啼春」。
（註三）卜朗吟詩：《你總愛有我的一天》。
（註四）新約哥林多前書第十三章。

美國國家美術館記

一

你如果問我美國的什麼最令我留戀？我要告訴你的，不是她都市的繁華騷動——她的都市總使人神經緊張；不是她鄉村的整潔寧靜——她的鄉村又總覺太過單調；也不是她無往不在的電氣設備；甚至也不是她行動與言論的充分自由。我要告訴你，最令我留戀的却是她那些宏偉豐富的博物館及其所代表的泱泱博大的風采。

美國博物館中給我印象最深的則要數華盛頓的美國國家美術館了。當然，論收藏之富，紐約的大都會藝術博物館猶在其上；波士頓的藝術博物館也差可伯仲。但若在收藏之外，再論館舍本身之美及內部氣氛之好，則仍要以華府的國家美術館爲翹楚。

面對林蔭廣場，背臨憲法大道，坐北朝南，東望則國會大厦巍然而立，西向則華盛頓紀念塔高聳入雲，以半球形的圓蓋爲其正中大圓廳之頂，左右兩翼作對稱的延伸，長達七百八十英尺的一座羅馬式巨大建築，就是美國的國家美術博物館了。這整座建築全係用大理石砌成，佔地達五十萬方英尺，是世界最大的一座大理石建築物。其外部的大理石呈淺玫瑰白色，是卽著名的田納西大理石。無疑的，這建築本身就已是一件藝術品，雖然在設計上的創造性並不高，但以其氣魄之宏偉與氣象之莊嚴，則終於使她在建築史上不能不佔一地位。以之作爲世界文化的一大寶庫，我們對於建築家普潑的這種設計，是不該責難其仿古，而應該體會其深長的用意而加讚賞的。

走上數十級寬廣的臺階之後，一進入大門，你就首先揭開了大圓頂下的秘密。原來在那巨大的半球形屋頂下，圍立的是廿四支晶瑩碧綠而有天然花紋的大理石柱，它們是從意大利採鑿而來的。正中則是一座巨大的圓形噴泉。噴泉正中屹立着水星之神伞可利的靈巧的身形。噴泉四周則栽植着五彩繽紛的鮮花。噴泉以外的廣大地面也全以綠色大理石舖砌，那是由美國東北的佛芒州所運來。其圓頂的內觀則可說全係仿古羅馬的萬神殿。

這大廳與左右兩翼一百間陳列室及另兩個噴泉潺潺、廊柱縈繞的天井花園共同構成了本館的主層。主層之下則還有一地層，主要爲辦公室及貯藏室，但也還有二十間陳列室，並包括一所整潔寬敞、價廉物美的自助餐廳。

二

美國國家美術館的收藏以西洋十三世紀初至十九世紀末的繪畫與彫刻爲主。若你想要依藝術的歷史發展來觀賞，那末當你踏進大圓廳後，我建議你要首先從西翼的第一號陳列室起看。由此直到第十五陳列室，你將看到十三世紀文藝復興後期意大利中部各大師的傑作。他們的作品都是以蛋彩（tempera）或油彩繪在木質的底板上，所以其效果與後世畫在帆布上的油畫也就大不相同，顯示出無比的光潔工緻。這正如中國唐宋畫家習用絹本，與元明以降之習用紙本，所以造成風格之基本歧異有相似的道理。這一部分作品中，最引人注目的，自然是喬多的「聖母子圖」，波提倩里的「東方三賢禮拜聖嬰圖」，拉法埃爾（或譯拉斐爾，是與原文發音不符的）的「阿爾巴聖母子圖」和達文奇（文奇是他出生的地點，實在他的名字應改譯爲雷奧納度，茲從俗）的「琴妮芙拉」等擧世聞名的傑作了。其實這裏所蒐拉法埃爾的聖母子圖有三張之多，另外還有十三世紀初葉佚名作家的「聖母子受榮圖」，但無可置疑的，在這幾張聖母子圖中，不，甚至在有史以來所有的聖母子圖中，最令人流連欣賞的總仍是拉法埃爾的「阿爾巴聖母子圖」！那聖母位於正圓形畫面的正中，左肘靠着樹根，坐在青草地上。她的玫瑰紅的上衣與她那蔚藍的裙子及披肩造成富麗而莊嚴的對比。小耶穌全身赤裸，抬起左腿坐在聖母右膝之上，他的眼睛與聖母的眼睛一同向右注視，但注視的焦點並不一致，聖母注視的是小耶穌的右手所拿着的小十字架，而小耶穌的眼神則與蹲跪在聖母右側的小施洗約翰的眼睛相互凝注，發出純潔無邪的微笑。小施洗約翰的雙手抱持着小耶穌所持的十字架的尾端，聖母的右手則撫在他的背上。一種無比聖潔的光輝，歷三百七十年而毫不衰退的籠罩着這張不朽的畫面！其背景是意大利的郊野景色，而其所表達的神聖的美則絕非人間所有，所以，從這一點來說，則拉法埃爾的繪畫精神竟不是寫實的而爲抽象的。固然，這畫的製作顯然受到米開蘭琪羅的「聖家圖」的影響，但也同樣顯然的，它比「聖家圖」更充沛着無邊的慈愛，更傳達出無限的深情，感動每一個觀賞者的心靈！我們再比觀十三世紀的「聖母子受榮圖」，喬多的「聖母子圖」和拉法埃爾的幾張「聖母子圖」，則從拜占庭時代到文藝復興時代之藝術風格如何變遷，雖愚者亦可瞭然了。而喬多的風格則正是其中承先啓後的樞紐，這也就無怪乎喬多在藝術史上之受到重視了。至於「東方三賢禮拜聖嬰圖」，除了波提倩里的以外，也還有好幾幅，同時比較觀賞，亦予人啓發良多。

達文奇的「琴妮芙拉」是一張女子半身像，畫幅很小，繪於一四八〇年，所以是他的早期作品。其構圖與「摩娜麗莎」有顯然的相關性。但此圖早於「摩娜麗莎」三十餘年。此畫受到館方的最高重視，用極講究的裝潢安置在第八室外面隔西彫刻廳與大圓廳的噴水池遙遙相對的屏風上。所以也就是最顯着的地位了。我看起來却也不覺得有什麼特別精采。它的歷史價值是超過它的藝術價值的。

西彫刻廳與第二、六、十一、十二、十六、十七、十八等室，則均爲文藝復興以來的意大利彫刻，包括有十七世紀巴洛克風格之代表藝術大師貝尼尼的巴布利尼像等百餘件。

意大利究竟是西洋藝術之母國！接着從第十九室直到第三十六室，除了其中兩室之外，這一大片地盤仍然是意大利的天下。這裏陳列的是威尼斯、北意大利及後期意大利藝術家的繪畫。在這些林林總總的畫家裏，最爲世人所熟悉的大概要數提善和丁多雷多了。與丁多雷多相比，提善可說是個異教徒。他的畫好以希臘神話爲題材，而丁氏則好以聖經故事爲題材。在此你可看到提善的「維納斯對鏡圖」，那維納斯豐腴的肉體，挺直的鼻樑，竟像是把那「米羅的維納斯」賦與了血肉，而那顧影自憐的神情，比起米羅維納斯來似乎更見嫵媚。丁多雷多的作品在此有大油畫「加利利海上的基督」等數幅。「加」圖是根據《約翰福音》第二十一章而作的。基督的靈走在水上，天色蒼茫，雲朶很厚，只有東方一角微露曙光，海上波濤動盪，門徒們在船的右邊撒網，「彼得一聽見是主，就束上一件外衣，跳在海裏」，這一切都表現得極爲生動，令人興起崇高的宗教感情。

依着順序再走過來，在西翼的其他各室，則爲西班牙、法蘭德斯、日爾曼及荷蘭各派的繪畫。這些國家的主要畫家，舉凡愛爾格里果，巫拉斯貴思、高雅（或譯「戈耶」，與原文發音不合）、梵艾克、大布羅埃戈、梵戴克、魯本玆、杜勒、冉伯讓、佛米爾等巨匠也各有數張在此作永恆的競賽。這些大師中，冉伯讓固然名震寰宇，而最爲特出，但最引我注意的則不能不推愛爾格里果。這位十六世紀生於克里底島的西班牙大師，其風格竟是十分現代而抽象；請看他的大油畫「勞孔」，再試閉目記憶西元前二世紀希臘化時代的彫刻「勞孔羣像」（此像包括勞孔及其二子，共三人，故稱羣像。其石膏複製品爲世界各藝術學校用爲基本素描之模特兒，臺灣也很流行。）就可以發現他是如何的以同樣的題材作了全新的表現。他完全不像文藝復興時代其他畫家那樣一心要再現古希臘的美，相反的，他刻意經營的創造了他自我的獨特而有抽象趣味的風格。他的人體不再是古希臘的匀稱完整，而作一種不合生理的延長。他的勞孔圖顯示出的不僅是那古希臘的「勞孔羣像」所顯示的悲壯與痛極呼天之狀，而更有强烈的恐怖感與殘酷感，令人爲之戰慄！按勞孔就是荷馬史詩中當希臘聯軍向特洛伊施行木馬計之時，獨具隻眼，反對特洛伊人民將木馬搬運入城，而遭希臘的保護神指使大蟒蛇將他及他的兩個兒子一同纏咬而死於海濱的悲劇人物。在格里果這圖中，勞孔不再像古希臘那彫像所顯示的那樣尙能以其堅壯的膂力與巨蟒搏鬪，相反的，鬚髮蒼蒼的勞孔已經不支倒地，一條巨蟒正向他的頭上咬過去，他的一個兒子搖搖欲墜的與另一條巨蟒搏鬪着，而另一個兒子則已倒臥地上，想來已被巨蟒咬死，在他們的身旁站着兩個與他們同樣全身赤裸的女子，則見死不救，面無表情，據說這就是指使巨蟒的女神。背後是極爲陰慘的天空與如在雷電閃耀下的特洛伊城，整個調子是暗藍、屍白及暗棕色的。那木馬則已變成了活馬，悠悠然的向特洛伊城走過去。這張畫的風格，無論在人體的造形上，色彩的運用上，或構圖的安排上，均與當時其他作家頗有不同。更重要的，我們發現不但兩個希臘女神面無表情，而三個受苦者也是面無表情，但畫家却極其成功的傳達出了他所要表現的情緒。所以，他對情緒的表現，並不是依靠人物面部表情，而是靠他對色彩的選擇及線條的特殊運用而成。這就是與現代表現派相同之處，而不能不引起我們的特別注意了。

三

現在，依參觀順序，已又回到了圓廳。從開始參觀到這時，我們大概已經站了三個小時了，不禁腿酸腹餓。那就不妨先下樓到餐廳進食，然後再走向東翼各室。主層的東翼有整整一半的地盤是十九世紀法國藝術所佔領，其他的一半則由十七、十八世紀的法國及英國與美國的繪畫所分佔。東彫刻廳全是法國彫刻，入口處是十八世紀彫刻家加比烏所彫的一對大理石像，是一對十歲左右天眞活潑的裸體的童男童女，一個手持海螺，一個頭頂魚籃，作海濱戲水之狀，十分精緻可愛。在十七、十八世紀法國繪畫部分，我們可以看到繁富工整的普桑巨幅油畫，以及極度彫鑿的洛可可風格代表作家浦顯筆下的皮膚嫩得一彈卽破的少女。

最令人興奮的恐怕還是十九世紀的法國繪畫，各種主義在這裏都出現了。你可以看到古典主義的達維筆下的拿破崙；浪漫主義的德拉克瓦筆下的哥倫布；寫實主義的柯羅筆下的煙雨濛濛的樹林子；印象派的馬奈筆下的法國中產階級的婦女，和莫奈筆下的大教堂在陽光照耀下變幻無窮；以及戴加的舞女們栩栩如生的舞動着四肢；還有雷諾瓦的「提着澆花壺的小女孩」，使你感到生命是何其可愛啊！當然，後印象派的梵谷、高更與塞尙更是現代人的寵兒。雖然他們在生前都是潦倒一世，而今天他們的作品都已成爲人類文化的最寶貴的遺產。在此你可以看到梵谷的一張他極少用的題材：少女像，也可以看到塞尙的最常用的題材：靜物，高更的那張「法答答德米蒂」也在這裏出現。「法答答德米蒂」是大溪地的土語，就是「海邊」的意思，但這絕不是一般的海邊而已，而是由高更賦與高度創造性的結晶。那兩個棕色皮膚、長長的黑髮的大溪地少女，那以濃綠與紫玫瑰色爲主調的畫面，那碧波裏的白浪與紅花，給人以無限富於原始趣味的神秘幻想！

走馬看花，總算把法國的藝術也看完了。那末剩下的就是英國與美國的了。凡十八、十九世紀的主要畫家如透納、康斯坦波、荷默、惠斯勒等人的作品也都無不具備。比起法國畫家來，他們的風格都該說相當保守，創造性也無可否認的要弱些。惟一獨特的風格出現在詩人兼畫家的布拉克的畫面上。他的畫與其同輩藝人竟是截然二途，以致在當時竟被人視爲心理不正常的人物。而今天我們把他與當時其他陳陳相因的英美畫家一比，就立刻可以看出他的想像力與創造性。他與當時歐陸的其他畫家也不相同，確實是自成一家，別開生面。試看他的「大紅龍與身披日頭的女人」。這原是一張面積很小的畫，是根據聖經的《啓示錄》而得來的靈感。全畫以棕紅、土黃與黑色爲主調，一條長着巨翅及蛇形巨尾而又有人形四肢的五個頭的大紅龍，佔據了整個畫面的上半部，向前方猛撲而來；下面是一個坐在岩石上的孕婦，張開雙臂，緊張而驚懼的仰首望着大紅龍。她的頭髮是一把火，背有雙翼，半張半閉的合成一個心形，脚下則又昇起一弧新月形的光焰，全身呈土黃而微橙的色彩，那就是「身披日頭的女人」，岩石之外是駭浪驚濤，漆黑的天空裏有强烈的閃電，按照《啓示錄》第十二章所述，那大紅龍應有「七頭十角」，這裏只有五個頭，另兩個想係蔽於翅翼後面了。那婦人原「在生產的艱難中疼痛呼叫」，而今見了大紅龍，却忘了疼痛，而勇敢的推出雙臂，似欲驅開大紅龍以保護她的胎兒。因爲那大紅龍是爲要吃她將生的嬰兒而來的。全畫所表現出的那種魔鬼與光明的搏鬭，崇高母性的無比勇敢，奔放的線條，宗教神秘主義與浪漫精神的結合，給人深刻的印象。絕非史都伯等人那種描寫肥馬輕裘、風花雪月的作品所可比擬。

四

美國國家美術館，無疑的，是美國人民的文化寶庫。她由國會專案設立，不收任何門票。其董事會主席是由聯邦首席大法官兼任，亦可見國家對她的重視。她是美國國立的美術博物館，但所收藏却並非以美國藝術爲範圍，而是廣蒐西洋各國的藝術品（對於東方藝術，在華府另有符瑞爾美術博物館收藏，就在國家美術博物館的對面）。這正是用以開拓美國人民的心胸與眼界，使之不以本國產品自囿而妄自尊大，相反的，將以廣取他山之石，以爲本國文化促進的動因。由此，我想到中華文化復興運動，必須「集中外之精華」，才能有所復興創造。而要使一般國民對世界文化精華均有瞭解，最好的方法卽莫過於設立世界文化藝術博物館。這個博物館，目的應不在收藏珍品而在教育上的功能，所以不必收購任何藝術眞跡，只要備置精良的複製品卽可。如此則所費不會甚鉅，不難在短期內完成。玆介紹美國國家美術博物館之梗概，以資借鏡。

（一九六八年十月乘復誼輪自休士頓航向巴拿馬旅次）

紐約的博物館

紐約市這一個三百六十五方英里的地方，面積不到臺北縣這麼大小，却擁有二百五十個以上的陳列當代正在奮鬪中畫家作品的畫廊，與二十五個以上規模宏大的博物館。這數量眞是驚人！我想任誰也無法把它們逐一看遍。那末，讓我告訴你，當你到了紐約，至少有四座博物館是名震全球而爲任何來到紐約的遊客所不可不去的。它們是：一、大都會藝術博物館，二、古根漢博物館，三、現代藝術博物館，四、美國自然史博物館。以上四館，我很幸運各去參觀過兩遍，現在分別簡介於下。

一

位於紐約中央公園東側，面對寬廣的第五大道與第八十二街口，一座氣象莊嚴的綜合希臘、羅馬與文藝復興式樣的巨大建築，就是名列美國第一的大都會藝術博物館。本館收藏品達一百萬件之多，時間上包括古今五千餘年，空間上包括美洲、歐洲、埃及、近東與中國等地，項目上則除繪畫與彫刻外，尚有古代盔甲、武器、樂器，與一座埃及古墓。另外，在第一百九十街附近的河邊，還有一座歐洲中古式的修道院整個遷建在此，作爲它的一個分館。這大都會博物館本身的歷史則不過一百年；它於一八六六年由賈約翰（John Jay）氏發起籌設，現今的館舍主要部分到一九〇二年才落成，到一九二四年才完成了現在的全部館舍。它正面入口處的四雙高大的石柱之上，當初計畫要放上四組分別代表希臘、羅馬、文藝復興，與現代藝術的彫刻，但可惜這些計畫中的彫刻却始終未曾請人彫製。

我前後去參觀了三次，以二次看完一遍，第三次又匆匆把全部複看一遍。現在執筆寫這文章，仍不能不遺憾花的時間太少，以致忽略了其中很多名品。在此，我願先大致介紹一下其中的繪畫。

文藝復興以來的歐美繪畫，全部是陳列在本館的二樓。一上樓，首先打入我們眼簾的是提善、丁多雷多和維羅尼才的三張巨畫。他們都是十六世紀威尼斯的大畫家，其共同特點是色彩富麗，人物工整，透視精確，結構勻稱，氣象堂皇。他們的作品雖大多以裸女撫愛之狀爲內容，但予人以極莊嚴之感；而整個畫面又多予人以過於精緻的感覺。試看維羅尼才的「戰神與維納斯的結合」：畫面正中下方，戰神穿一身金光閃閃的戰袍向愛與美之神的維納斯屈膝下跪。維納斯（當然是裸體的）身子微向右傾，讓戰神把頭靠在她左乳之上，她的左手則勾在戰神的肩上；她盤着一頭金色的秀髮，面帶歡愉的微笑，戰神的右手拎起一襲藍色的袍子把她的私處掩了起來；一個長翅膀的小愛神拿一條絲帶把維納斯的左脚與戰神跪着的右脚繫在一起，另一個小愛神則拿起戰神解下的寶劍把戰神身後那正發着好奇的馬兒的前脚擋住；背景是巨大的希臘式的彫像與每一張葉子都畫出來的樹叢。這張畫明顯的表示出作者對於和平、愛情與藝術的堅定信仰。在愛與美之前，戰神只有屈膝投降，也只有愛與美可以征服戰爭！惟一費解的是圖中維納斯的一個動作：作者使維納斯的右手按在她自己的右乳上，而且擠出一滴乳汁。這一個動作代表什麼意義呢？引起了藝術史家的不少爭議。比較圓滿的說法是認爲這是象徵愛情使少女的貞潔之美轉化爲母性的慈愛之美。此畫顯著的弱點是維納斯的臉色過於紅潤，以致與她身體的潔白不能協調；而那馬的姿態又太拘謹了些。惟無論如何，在維羅尼才等人的筆下，性愛被賦予了無限崇高神聖的氣質，這與中古時代的禁慾主義精神正好形成強烈的對照。

意大利的名畫，我們還可以看到波提倩里、拉法埃爾、柯齊謨和卡拉伐喬等大畫家的作品。關於拉法埃爾的風格，我在另一篇《美國國家美術館記》中已有過一段分析，在此就不擬再說他。我再要提起的是波提倩里。這位以「維納斯的誕生」一圖傾倒無數衆生的文藝復與初期大師，在此亦有引人注目的作品！他的「聖齊諾比烏的三次奇蹟」把聖齊諾比烏一生的三件事蹟，三組場面安排在一張畫面上，而用一個共同的幾何形體化的街景來加以統一，也就是等於使一齣戲的先後三幕同時在統一佈景的舞臺上上演，在他所佈置的這條街道上同時有三個聖齊諾比烏出現而同時做着三件不同的事。這是打破了傳統繪畫的時間靜止性的，不能不說是極大膽的獨到而值得注意之擧。

現在，讓我們走向十七世紀吧。在數量衆多的十七世紀歐洲各國作品中，最引人注意的不能不首推冉伯讓的「亞里士多德注視荷馬胸像圖」。此畫於一九六一年在派克伯奈畫廊以一百萬美金爲底價而拍賣，最後由大都會博物館以美金二百三十萬元的高額購得。這也是有史以來最轟動的一次賣畫交易。這畫的構圖甚爲簡單：在深棕色的背景中，亞里士多德穿着大袖的長袍默默的站立着凝視他右側桌上的荷馬胸像，他的右手按在荷馬像頂上，左手揷在他自己的腰際。亞里士多德的袍子，其兩袖爲白色，而其餘部分則爲黑色。整張畫的色調極爲深沉，只有從畫面右前方投入的一縷光線，把亞氏的左袖上部、左頰、抬起的右手、與荷馬像的頂部照亮了，其餘部分都是令人窒息的陰暗。但對比之下，其受光部分就造成了極爲輝煌的莊嚴感。無疑的，這張畫是冉伯讓最高成就的代表作。無論其深沉而輝煌的色彩，光影的强烈的對比，構圖的簡單而完整，以及對於人類感情的捕捉，都已到了登峯造極的境地。

相對於冉伯讓的極度深沉，是十九世紀印象派的陽光普照的無比鮮麗。尤其是你如果馬上走到雷諾瓦那張題爲「在海邊」的少女像面前，與冉伯讓一比，眞是一切正好相反的一種對照。冉伯讓愛畫陰暗室內的莊嚴老者，雷諾瓦愛畫明朗戶外的青春少女。你看那少女穿着星期天的漂亮衣服，臨着浮光耀金的海濱悠然的坐在籐椅子上向你望着。她的肉體是豐滿的，容貌是秀麗的，眼眸是天眞的，心靈是純潔的，多麼令人神往！這與冉伯讓的畫眞如兩個世界般不同。看冉伯讓的畫是令人肅然起敬，如入太廟；看雷諾瓦的畫則是令人陶然忘憂，如沐春風。

與雷諾瓦同樣專好以婦女與兒童爲題材而風格迥異的著名畫家，則有十八、十九世紀之間執英國畫壇牛耳的勞倫斯爵士，他是因善繪人像而榮膺爵士封號的極少數畫家之一，也是當時英國皇家畫院的領袖。所以，可想而知，他的畫風是保守而工整的。他的畫在此佔了一大間陳列室，表現出英國貴族社會之拘泥、矜持、奢華及高貴之各種氣質。其中「卡瑪黛姊妹」一幅，圓形的畫面中一對穿白衣的小女孩，姐姐約五歲，妹妹約三歲，纖麗清秀，最爲可愛。是的，「纖麗清秀」這四個字正可作爲勞倫斯畫風之總評。所以，同樣畫出許多美麗的少女與兒童的勞倫斯與雷諾瓦，其不同之處，不僅在色彩的選擇上，而更主要是在其氣質。勞倫斯的氣質是錦衣玉食、高貴而居於象牙之塔中的貴族；雷諾瓦的氣質是上市場、逛公園、平易而親切的中產階級。

印象派及後印象派的作品，在這裏當然也少不了馬奈、莫奈、戴加、畢莎洛、塞尙、梵谷、高更、和秀拉等每一個名家。其中最引我神往的要推高更的「瑪利亞，我向你歡呼致敬」。高更本來就是我心愛的畫家，而這張畫，遠在九年前，我看到一本小册子上所印的複製品時就曾臨摹過一次，現在看到原作，眞是如見故人，令我欣喜，這張畫的色彩極爲瑰麗，構圖相當複雜。圖中的聖母與小耶穌都是棕皮膚的大溪地土著，小耶穌裸體騎在聖母肩上。聖母披一頭黑髮，圍一襲大紅底上有大朵白花的「沙龍」，面目敦厚慈祥，站在深綠色的草地上。兩個分別圍着白色與藍地金花的「沙龍」的大溪地女子站在數步之遙的一條紫色小路上向祂們合掌拱手爲禮。草地上放着一大堆香蕉與西瓜。小路的那邊是一片粉紅色的原野，長着很多木瓜樹、棕櫚樹和其他開着紅花或白花的不知名樹叢。一位長着五彩雙翼的仙女從花叢後面冉冉飛來，她的皮膚也是棕色的。遠方是高不見頂的青色山岳，一座小小的茅屋建在山麓。畫面左上角露出一塊天空，交織着白雲與虹彩。一種強烈的原始美，空前的在高更筆下表現了出來；而這也是第一張以非白種人的肉體繪成的瑪利亞與耶穌。這是種族平等的具體呼籲，高更從大溪地的葛天氏之民的生活裏看見了眞神的顯現！他的原始情調也正是爲現代機械文明所擾亂的心靈的最好解脫劑。這不能算是逃避，這是健康的自然主義的呼喚；是人類自古相傳的歸眞返璞理想的鄭重表達；是伊甸園意識的現實化；也是對於資本主義與種族優越感的徹底否定。在藝術形態上，其風格是印象主義的反動而爲表現主義的先河。其色彩上的處理，則不能不說是馬蒂斯的施洗者。

好了，限於篇幅，讓我們擱下西洋繪畫，看看其他部分吧。那末，我們在此也可以發現一些精美的中國藝術。它們包括商朝的青銅的觥，戰國時代楚國長沙的木俑，北魏時代的銅製佛像，唐代的明器——一輛陶製的牛身，宋代的木彫觀音像，和清代的一張乾隆皇帝畫像等多件。無不古色斑斕，令人悠然思往。那宋代的觀音，左足盤坐，右足蹲踞，左手支几，右手伸出置肘於右膝之上而垂右掌於凌虛之中。羅袍輕緩，袒胸露臍。秀髮垂肩，無風自動。目觀鼻，鼻觀心，脣間則現出神秘的微笑。神情極瀟洒之至，亦莊嚴之至。眞不愧爲中印文化之結晶。可惜其作者亦是無可查考了。

此外，我們還可以看到一座巨大的古埃及哈希潑蘇皇后人面獅身像，那是西元前十五世紀的作品；兩座埃及王阿門荷德第三的大石像，是西元前十四世紀的作品。古希臘與羅馬的彫刻也有兩大間，近代彫刻家的作品則有羅丹的「青銅時代」和李保德的巨型抽象彫刻「太陽」等。這件名爲「太陽」的「彫刻」，其實既不是彫的，也不是刻的，而是用了長達二千英尺的金線編織而成的。光彩奪目，極具匠心。作者於一九五三年起耗時三年到一九五六年才告完成。確實是一件現代「彫刻」的代表鉅製。

二

要看二十世紀的藝術，只到大都會博物館是不能滿足的。我們該到古根漢博物館與現代藝術博物館去。

古根漢博物館就在大都會博物館的斜對面，步行數分鐘卽可抵達。該館最出名的不僅在其收藏品，而在其館舍的建築本身，爲建築史上的重要名作。有人說這是一些世界上最引人爭論的藝術陳列在一座最引人爭論的建築物裏。這建築是由本世紀美國最著名建築家萊特所設計。房子的主要部分是一個倒圓錐形，下小上大，狀如陀螺。其旁隣立着一個比它矮的圓柱形。這一個大陀螺和一個香煙罐在其將近底部之處，共同被一個略呈長方形的不規則平面圍住。香煙罐的近頂部分則又有另一片扁平的方形扣在其外。這大陀螺外面看起來好像有六層，而入內之後，也可說是無法分層的。因爲整個建築是螺旋狀的斜斜盤旋而上，並無樓梯，亦無臺階。惟另外設有一座電梯可以直升頂部。所以，正確的參觀程序該是入內之後先乘電梯到頂部開始，一路看過來，到看完了全部陳列品也就正好已走回到底層原來入口之處。這屋子不但是萊特最著名的作品，可能也是他的最後一件作品，因爲它於一九五七年才鳩工興築，到一九五九年十月才開幕，而萊特就在這年去世。萊氏曾描述他這得意傑作爲一種「有機的建築」。他說「這是有史以來第一次，建築顯示了它的塑造性。一層與他層以如彫刻般的自然密接代替了習用的架叠式的切斷。」所以，當該館落成時，有人讚美之爲世界最美的建築物，確是其來有自。但我覺得其中的電梯却似乎是一個破綻，它仍然構成了一種「切斷」，如果採用一種雙螺旋的方式，盤旋上去又盤旋下來而不走回頭路，則也許更爲「有機」呢。

本館體積並不大，所收藏藝術品只約三千件而已，全部爲印象派以後各家作品。所以領域既限定，在這現代藝術的範圍來看，却已十分豐富，其對抽象藝術的收藏量更是世界第一。

提到抽象畫，第一個閃出的名字不能不是康定斯基，因爲有史以來的第一張眞正抽象畫就是出於此人之手。康氏原籍俄國，初習法律，已做到大學法律系講師，忽棄而致力繪畫。後來不堪史達林暴政，逃亡德國，入德國籍，後又因其抽象畫被希特勒所反對，又逃到法國，入法國籍，最後死於法國。這裏陳列康定斯基的抽象畫有十張以上。被認爲是他後期代表作之一的「諸圓圈」也正在此地。這是一幅正方形的畫面，以暗蒼綠色水漬狀的渲染效果構成背景，其中羅列着大大小小各種色彩的或分離或相交或重叠的四十多個圓圈。氣氛神秘而瑰麗。康氏曾加解析說：「圓圈爲什麼使我着迷呢？因爲圓圈是：『（一）最端莊適度而又絕對自足的形式。（二）具有精確而又無限的變化。（三）同時是穩定而又不穩定的。（四）既顯眼而又柔和。（五）是一種包含無數張力的單純張力……在三大基本形（三角、方、與圓）中，圓又是最能顯示第四度空間的。』」是的，康定斯基的這張「諸圓圈」就正給人以一種宇宙感，似如一座天體中的銀河在無窮的太空裏漂浮。渺遠幽深，令人神遊太虛，飄飄欲仙。這與他早年以表現激情與騷動爲主的第一期抽象畫又正好相反。

其次，雷澤的作品，讓我也放在這裏略作介紹吧。雷澤是與畢卡索及布拉格鼎足而三的立體派主將。而唯有他以一種樂觀接受的態度，竭盡全力的讚美現代機械文明。他從機器裏看出了詩意，並專門以機器、勞動工人、與江湖賣藝者作爲其主要題材。這裏，雷澤最後的一張主要作品「偉大的行列」正陳列在此。此圖大致是由八個機器人似的男女和一匹馬，錯綜複雜的排列在一座平臺上，臺上還有一些機器、纜索等物，一條很寬的藍色，猛烈的自左略向右下傾斜的橫穿過整個畫面，在這藍色的衝刺終了之處，一個巨大的紅色圓圈也正結束其動力。還有兩大塊土黃色在紅圈左面與藍色垂直交叉，一個不規則的淺綠色圓形則在交叉座標的第三象限出現。據說雷澤作了六十張的草圖才畫成此畫，前後構思垂二十年之久呢。

相對於雷澤這種極度剛性的歌頌機械的作品，則有雷凍的若干幅色彩艷麗絕倫，線條迷濛，氣氛氤氳神秘的粉彩畫。他最愛以希臘神話及瓶花爲題材。其風格列入象徵主義。其實，雷凍至少要早生一代，所以是深受印象主義影響的，當然與雷澤大異其趣。但若說沒有比雷澤的作品更具剛勁之氣了，那末相對而言，也正沒有比雷凍的作品更具纏綿之美了。這至少就這個博物館內而言，是無疑的。

三

現代藝術博物館在第五大道與第六大道之間的五十三街上。這是全世界唯一永久收藏「各種」當代視覺藝術的一個博物館，也就是說，它不但收藏繪畫、彫刻與印刷物，同時也收藏照片、電影、廣告招貼、與建築及工商設計圖。它創立於一九二九年而到一九三九年遷到現址。其館舍也相當新穎，是一座正方形的六層大厦。下面三層爲陳列室，上面三層爲辦公室及貯藏室。雖在鬧區之中而還保留了一個後花園，將彫刻與花木相雜陳列於園中。全館收藏品約在二萬件左右，包括一千八百件繪畫，七百件素描與七千件印刷物。

一進門，馬蒂斯與米羅就把你擁抱住了，馬蒂斯早年的大油畫「舞蹈」與米羅的「大壁畫」都正在這裏等着你。色彩大師馬蒂斯在此以藍綠爲底色。以肉色繪人體，以極單純的平塗，極簡拙的線條，繪出這幅極富青春氣息、活潑生動之至的舞蹈。五個裸體而健壯的少女，奔躍着，手牽手圍成一圈，盡情的舞着。仔細看時你還會發現最靠近你的兩個少女的手還差一寸沒牽上，正像是等你跳進去參加一個呢。

米羅的「大壁畫」是一張半抽象的幻想性作品，顯示的是米羅後期的意象、形式與色彩觀念。穿越一條長長的作水平漫延的冷色與忽出忽沒的棕色，排列着許多古怪的變形的人體、鳥與星斗，它們是強烈的紅色與黑色的，所以也就與背景造成一個尖銳的對襯。整個構圖是一種輕快的旋律、生命的型態、及色彩與形狀的綜合統一。本來嘛，在米羅那善於創造的眼睛裏，人、動物與風景是混淆不分的。

在這整個博物館裏最受人矚目的則恐怕還要推莫奈的大「水蓮」和畢卡索的「格尼卡」了。這兩張畫的面積均堪稱碩大無朋，而構圖又均十分奇特。莫奈的大「水蓮」（莫奈所繪水蓮有好幾幅，這是最大的一幅，也是他生平作品中最大的一幅，爲區別起見，特稱此爲「

大水蓮」）約有六英尺高，四十八英尺長，這是他的晚年作品，約繪於一九二〇年，那時抽象畫已經大盛，所以這一幅精心力作，正是把抽象畫的若干特點與他一貫的印象作風溶而爲一的結晶。整張畫面全是水光雲影，看不見水平線，也看不見任何實在的天空或陸地，只擴散着一片也許是清晨也許是薄暮的淺淡光線。一幕波光閃耀的長景佔據了一大陳列室的三面牆壁，似欲把人擁入一個寧謐的水國。疏落的蓮花臨風微擺，漾起水面無數漣漪，白雲的倒影則更爲這水鏡增添了幾分空靈的氣象。自然，這整張畫面雖有相當抽象的趣味，而莫奈的出發點仍是寫實的；這畫是莫奈以他後園的荷花池爲模特兒而畫的。他曾說：「忽然間，像一道啓示，那池塘把我迷住了。……我要畫的是一種無盡的整體，沒有水平線和岸的水波。」現在，莫奈確實是成功的完成了，把他心醉的美景貢獻給了全人類。

現在要講到畢卡索的「格尼卡」，這張畫佔了一間大陳列室的一整面牆，而其他三面牆上則掛滿了此畫創作過程中的許多草稿。這是畢卡索最出名的作品，也是他最好的傑作之一。全畫高十一英尺半，長二十五英尺八吋。只有黑、白、灰三種顏色。一眼看去充滿了牛頭馬面、斷體殘肢與懸掛的頭顱，眞是光怪陸離，恐怖萬狀。

細看之下，原來整個場景是安排在一間暗室之中，一盞電燈在天花板上發着短促的光芒。畫面中央是一匹狂嘶的怒馬，左邊有一頭野性大發的蠻牛。馬蹄蹂躪着一個在恐怖中死亡而手持斷劍的男屍，牛腹下則有一個女人挺起上身，仰首向天作垂死的狂呼，她的懷中還抱着一個已死的嬰孩。馬匹的右側有一扇通向外面的窗子，忽然打開了，衝進一道强光，並飛進一個張口大叫的人頭與一條擎着燈臺的手臂。畫面右下方，又有一婦人似是忽然從地下爬起，半跪的衝向光明之中，伸長了頭頸，瞪視着那手臂所擎的燈臺。這婦人右上方又有一人似是方中了一彈，高擧雙手作痛極狂呼之狀。他頭頂上的牆上則已冒起燃燒的火焰。所有的形體都是幾何式的作了半抽象的變形。其主題乃在表現戰爭中的集體毀滅。其形式是集後期立體主義、表現主義、古典主義與象徵主義之總和。原來這畫是畢卡索在一九三七年爲抗議該年四月二十六日德國空軍聯絡西班牙叛徒而對西班牙北部格尼卡鎭施行毀滅性大轟炸而作。他這對於戰爭的控訴，對於和平與人道主義的發揚，無疑是極爲堅强有力的。他所顯示的不但是對於格尼卡之役的抗議，而對於原子戰爭威脅下的今日世界更具迫切中肯的重大意義。就此而言，我們不能不認畢卡索爲二十世紀人類道德良心的一個主要代言人。

本館中許許多多的現代名畫，勢不能一一介紹。正如敍述前面二個博物館時一樣，對於其中的藝術品，總只能掛一漏萬。但無論如何，我在此不願意忘了我心愛的亨利盧梭。這裏有盧梭最後一年所作，也可能是他最好的一張畫：「夢」。看了畢卡索對戰爭的殘酷的描寫，轉過來看這盧梭的夢境，眞如從地獄一跳跳入了天堂。亨利盧梭無疑的是一個天才，但他很幸運的並沒有達成他自己的理想，因為他原來的理想是追隨新古典主義的學院派的安格爾；而不幸，不，該說是極幸運的，他沒有得到進入學院學習繪畫的機會，才終於使他完成了他極有詩意極具原始趣味的獨特風格。他的「夢」裏是一片熱帶的森林，長滿了各種各樣的奇花異草，銀盤似的月亮在樹叢的空隙裏昇起，一個裸體的少女斜臥在一張舖在荷葉上的氈子上。周圍開滿了藍的、紫的、與粉紅的大朵大朵又像荷花又不像荷花的怪花，還有各種的生物——一個圍着五色裙、長着小鬍子的吹簫的黑人，二頭獅子，一條蟒蛇，一只大象，三只長臂猿和二只不知名的異鳥，都夢遊似的在此和平共存。靠近畫面中央的一株樹上則長滿了柚子般大的朱紅菓實。這是一個只有在最好的童話裏才會出現的夢！高更遠涉重洋去尋找，而盧梭足不出巴黎却得到了它。他怎麼能得到這境象呢？這迷人的世界裏在進行着什麼呢？藝術史家姜遜（H. W. Janson）說：「這是不需要解釋的，因為沒有人能做到。但也許就是因為如此，其魔力才對我們成為不可置信的眞實。」總之，盧梭的畫使每個觀賞者返老還童，回到幻想着蠻荒異域的無憂無慮的童年，竟把工業、機械、資本、人事……等種種壓在我們身上的枷鎖在剎那間頓然開脫，給人以精神上純澈的調劑而又不流於消極。這不正是第一流藝術家才能達成的社會功能嗎？

四

除了藝術博物館以外，自然史的博物館在美國也是各地林立，而規模與收藏均數第一的則是紐約的這座美國自然史博物館。它位於中央公園西側，與大都會藝術博物館隔公園而遙遙相對。這也是一棟綜合羅馬與文藝復興式樣的大厦。有四層，面積龐大。在其對着中央公園入口處，建立着一座老羅斯福總統的戎裝騎馬銅像，本舘即用以紀念其人。原來老羅斯福正是紐約人，而且是一個打獵好手。他曾在一九〇九年到非洲去作了一次大打獵，獵回很多珍禽異獸。有一部分這些動物的標本現在就陳列在本舘之中。他也是第一個得到諾貝爾和平獎的美國人（因調停一九〇五年在中國境內發生的日俄戰爭使之結束，而於一九〇六年獲獎），美國人民對他甚爲崇敬，在本舘門前兩旁石壁上一排刻了十二個讚美他的頭銜，包括政治家、愛國者、自然學者、著作家、軍事家等。

舘中最引人的，一是其對於各種動物生態的佈置，二是其所藏大量的恐龍化石。它的底層是人類學與生理學方面的資料，包括有很豐富的印地安文物。一樓和二樓都是各種動物生態的佈置。大廳裏是暗暗的，每種動物佔一座大橱窗，分別用燈光照明。其中除了該動物的標本之外，並把整個橱窗佈置得和那動物生存時的環一模一樣。例如企鵝的標本橱，就佈置出南極冰山雪海的景象；獅子的標本櫥，就佈置出非洲的莽莽草野；或則以環境為主，一櫥阿爾卑斯山的景色，就有原產阿爾卑斯山的各種花卉植物與有關鳥獸的標本，各依適當位置出沒其間。眞令人如蒞其境，似已走遍世界各地。當然，美國各地有規模的自然博物館也都有此類佈置，但要以本舘之佈置為最豐富而精美。至於恐龍的化石則安置在三樓（卽第四層）。高逾二十英尺，首尾長達七十英尺的大恐龍的完整骨骸不下六、七具，其他較小或有所殘缺的各種恐龍化石合計在二十具以上。還有一具恐龍的木乃伊，是連骨帶皮肉一起變成了化石，最為難得。另外有兩條大蜥龍的標本，這種蜥龍據說是恐龍類現存的唯一後裔，是從德屬東印度羣島捕獵而來，亦為本舘之珍品。

我對自然史當然是外行，所以對於這個自然史的博物舘自亦無法作較詳的介紹，只有就記憶所及略述數語如上。至於前述的三個藝術博物舘，雖然費了近一萬字的篇幅，也仍然只能說是窺豹一斑了。尙請參觀過上列各舘及對藝術有研究的讀者不吝指教為幸。

末了，我深深希望臺灣能卽時籌備成立一個世界藝術博物舘。不必收購任何原作，只要備置精良的複製品，以收教育上的功能，以廣國民之眼界，則為事至簡，而必可大有助於促進我國文化之眞正復興！

（一九六八年十月二十五日寫畢於太平洋上）

苦澀的鄉愁

——何懷碩畫展觀感

屈原杜甫的中國，已一去不返；海峽西岸的中國，受政治隔絕。所以鄉愁是雙重的。歷史的重壓與地理的空虛，形成今日生活在自由世界的中國人心靈的眞正悲劇。在這社會裏的藝術家，如能探求這種心靈的深處而予以表現，則事實上已接近偉大之門。因爲惟有能表現時代精神的藝術才最有超越時代的可能，而時代精神並不是存在於表面的流行形式之中，是必須從發掘人心深處的共同點才能得到的。

所以一件能表現時代心靈深處之感觸的藝術品，必能使每一個具有藝術基本素質的人發生震撼，尤其是與這藝術品的創作者生存在同一時代社會中的人，如果不是其敏感性太弱，是必然要感動的。何懷碩的畫帶給我的就是這種感動。

能探索到時代心靈的悲情，是成功的一半。另一半則在於獨到的表現方法。仿古並不能表現出歷史的鄉愁。僅是使用傳統的媒介品也並不就能擁有民族性。何懷碩的獨到在於以固有筆墨爲工具而表現出非固有的線條與構圖；以山水爲題材而顯示出雷雨的氣質；在屈原式的悲情籠罩下，綜合了抽象主義與自然主義於一紙。

他的畫幾乎張張都是對古中國的苦澀追憶，也幾乎張張都是對傳統技法的抗議。這在其「白屋」、「橋」、「上元夜雨」、「松濤」、「遠帆」、「古城」、「江流天地外」等幅中尤可見出。沉重巨大的山峯、斷裂的橋、陰森的松林、殘破的亭臺、冰冷蒼老的帆船，一再透露出古中國的悲劇。而「湘君」一幅雖然不是那麼悲憤，却表現出更濃的愁緒：「嫋嫋兮秋風，洞庭波兮木葉下」，美麗的湘君*在黃葉飄洒的湖面上凌渡微步，楚國的秋天是多麼美啊！可是這一切都已永遠過去了，沒有人能拉回它，也沒有人能奔向它。這就是時間上與空間上之雙重鄉愁的凝聚。是悲涼之至的。卽使在「杏花春雨江南」這樣一個標題之下，何君所畫的也不是春的嫵媚，而是以如血跡般的杏花點染在淒苦的淡墨水裏。

所以何懷碩的畫絕不只是形式上的一點創新，而是有深沉的內容的。固然他也有平凡的出品，例如已爲兩個參觀者所重訂的「秋景」，就是一幅無性格的泛泛之作。而總之，他與標榜所謂「畫就是畫」而靠墨汁的自然流動構成的非具象山水畫，只有裝飾趣味而少有思想內涵者是截然不同的。在中國畫家或仍爲傳統所桎梏，或流於純形式的舞弄之際，何懷碩的作品無疑有其嚴肅的存在意義。

（一九六九年二月）

（補註）按《楚辭》中《湘君》與《湘夫人》兩篇，據一般學者的理解，湘夫人是女神而湘君是男神。畫家對此未加細究，而以所畫女神題作了「湘君」。

△北京飯店
▽故宮太和殿

高　準攝影

△西山碧雲寺一景
▽北京卧佛寺一景

高　準攝影

△長城眺望　　△西山琉璃塔

在長城上

高　準攝影

△泰山孔子登臨處石坊
▽泰山迎客松

△晨曦照上玉皇頂
▽泰山碧霞祠

高　準攝影

△泰安岱廟天貺殿
▽三門峽西車站

高　準攝影

△秦始皇兵馬坑內景

▽移置陳列室中的兵馬俑

高　準攝影

△小雁塔　　　△大雁塔

▽西安華清池

高　準攝影

△成都武侯祠內的諸葛亮像

武將像▷

▽杜甫草堂的碑亭

高 準攝影

△都江堰二王廟一景

▽安瀾索橋

高　準攝影

△重慶市中心
▽三峽行舟

高　準攝影

△武漢長江

▽長江葛洲壩

高　準攝影

△武昌東湖之濱的屈原像（其後爲紀念屈原的行吟閣）
▽南京中山陵

高　準攝影

△被佔用爲金山張堰鎮公所的
作者外祖父姚石子先生故居

△杭州西湖之濱的放鶴亭
▽杭州西湖

高　準攝影

△紹興水鄉的船隊

▽紹興大禹陵的大禹像

高　準攝影

卷二　大陸行

叁 大到命

郎靜山

千古興亡多少事？
悠悠，不盡長江滾滾流！

燕京散記 上

一九八一年的十一月至十二月，我排除萬難，赴中國大陸作了爲期一個月的遊歷訪問，先後到達北京、泰安、西安、成都、重慶、武漢、南京、上海、杭州、紹興等地。其間北出居庸，南探禹穴，東登泰嶽，西涉都江。或吟詩雁塔，或聽雨巴山，或三峽放舟，或西湖泛棹。或擧目長城，遙瞻大漠之風沙；或長安訪古，翻憶漢唐之餘烈；或上伯牙之琴臺，問知音何在？或謁中山之聖殿，歎風捲雲殘。而漫遊各地，每多放言高論，無所顧忌。至於會親訪戚，携手同遊，謁祖居於張堰，觀滄海於金山，則更感觸爲多。萬里歸來，不可無記。玆先述燕京行脚。

一、初抵燕門

飛機降落北京機場，已近晚間十一點。我此行係由「中國作家協會」邀請訪問。「作協」秘書及幹事三人前來迎接。機場已現代化，提行李處亦有履帶設備。行李並未開箱檢查，手續很簡單。出機場後，一股乾爽的寒氣，使人立刻感到身在北國，自機場入市中心，有相當一段路。時已深夜，一路未見車輛行人，但見行道樹種得相當整齊。一行直抵北京飯店。

北京飯店卽在天安門廣場近側，設備與等級略與臺北最著名的圓山飯店相似，而規模似更大。接待人員與我相互寒喧既畢，就問我想見哪些人，旅遊計畫如何？我乃告以生平仰慕李白，其詩云：「五嶽尋仙不辭遠，一生好入名山遊」，最爲傾羨。乃欲登五嶽，爲生平所願。這次雖或無從遍登，但盼至少能登東西二嶽，再益以其他名山大川如峨嵋、三峽、黃山、西湖等地，爲所至幸。至於我所願會見者，乃各地傑出的新詩人，以期溝通海峽兩岸文學發展之情況，相互參考，知所損益。並爲我所要撰寫的「中國新詩發展史」搜集資料。另外，還希望參觀一些大學，及少數民族的生活。接待者乃表示要回去研究辦理。

次日晨，作家協會畢朔望先生來表歡迎之意。我於一九七九年九月從臺灣赴美國參加愛荷華大學國際寫作中心所舉辦的「中國文學前途座談會」時與其相識。該次會議也是三十年來臺灣與大陸作家的首次聚會。我這次大陸之行亦即由畢先生所接洽。畢先生年已六十餘，頭髮花白，體軀甚胖。一見面竟與我來了個西式擁抱禮。隨卽送我一本他新出的詩集。他寫的是舊體詩。

繼而居住北京的嵩叔得訊前來。憶三十三年前在上海時，我方當髫齡，嵩叔亦正翩翩年少。而今他已頭髮全禿了。原來他在文革期間遭下放折磨多年，已飽歷風霜，對於能與我相見，自然表現了極興奮歡喜之意。他現在任職於「中國科學院」職級爲十六級，約相當於臺灣的薦任級公務員。月薪人民幣一百一十八元。合新臺幣約二千七百元。大陸的行政職級共分二十四級，大致一至六級相當於特任官，七至十二級相當於簡任，十三至十八級約相當於薦任。十九至二十四級約相當於委任。

嵩叔隨卽陪我漫步去遊覽天安門廣場及王府井大街等市中心，行到廣場，放眼一看，矗立三十年的馬恩列斯四個像已經拆除，不禁爲之精神一爽。

天安門在廣場之北，門後就是故宮。廣場西面爲人民大會堂，東面是革命歷史博物館，南面是舊北京城的前門門樓。廣場極大，氣象開闊莊嚴。但天安門相形之下，頗覺不够高大，反不如前門之雄偉。尤其是天安門兩邊牆上佈滿兩大塊廣告字體的標語，中央又掛了一幅廣告畫式的毛像，遠望頗覺有如臨時搭起的戲臺。倒是人民大會堂與革命歷史博物館的外型設計，自有一種剛健篤實之美。

廣場正中爲人民英雄紀念碑，碑遠望不覺其高，及行至其下，則感亦頗不矮。其基部四面刻有以表現中國自鴉片戰爭以來重大歷史事件的浮雕多塊，紀念碑與前門門樓之間的空地上，則擁塞着近年來新建的毛氏紀念堂。堂並不大，已關閉，門庭冷落。猶憶風起雲湧的「四五」天安門事件革命羣衆。當年卽擁聚於此土，把鮮血洒在這片地上，而毛澤東也就在革命羣衆的怒吼下驚悸成疾而卒，中國的歷史由此終於走上了新的方向。然則這紀念堂，理應改爲四五烈士紀念堂才是站穩了人民的立場吧！

北京飯店有新舊兩棟大樓，新樓不遠的東側就是王府井大街，是北京最熱鬧的地區。時當中午，人潮擁擠。其建築及商店陳設則使人覺得頗似二十年前（一九六一年）的臺中市區，而往來人衆的服裝則大多均仍爲粗藍布衣褲，與二十年前的臺灣還不能比。

繼而信步同往前門東大街的嵩叔家。他家居宅是近年才分配到的新建大樓。其地亦爲市中心區，道路寬敞整潔。大樓有十二層，外表很壯觀，但內部建材相當粗糙。每戶兩房及一小間厨房與一小間厠所。無起居室。嵩叔一家四個人，兩個兒子住一間，飯桌則同他夫婦倆的臥床同置一室之中。厠所有抽水而無馬桶，是蹲坑式的。令人詫異的是全棟大樓數百戶住家竟無一浴室設備。據告是為了節省面積以便多住幾家。其次可異者為如此大樓而又面臨如此黃金地段，樓下竟亦不設店面而同樣用為簡陋的居宅。嵩叔之宅內則可說是家徒四壁，原來他舊有的書籍物品，在文革期間均被損毀一空，近來新配此舍，還只購置了幾件最簡單的傢俱。

二、統一問題

回到飯店，近晚時分，有國務院處長梅君在「作協」的接待人員陪同下來訪，代表「國務院」致歡迎之意。梅處長身着黑色中山裝，服裝料子甚好，年約四十八、九歲，濃眉大眼，面露微笑，與大陸電影中的「黨委」的標準形像相去不遠。問候既畢，我乃告以此次來訪，來前曾接受美國的中文報紙的訪問，對此次前來有所說明。隨即將報紙對我的訪問稿見示。訪問稿內容要點如下：

「——高準此次前往中國大陸訪問，是自七月中旬中國作家協會發表歡迎臺灣作家往訪聲明之後的第一人。但他表示他去中國大陸並不是為了響應北京最近的對臺建議，而是由於他既是（加州大學）『中國研究中心』的研究員，在研究工作上實有去看看的必要。何況，他說，他早在一九七五年初就曾提出應先作臺灣與大陸文化上的溝通，雙方都應該是向對方採取開放的政策，以資比較與溶和的主張。所以，他說，並不是在響應北京的主張，相反的，應該說是他對北京方面接受了他六年前就已提出的主張而感到欣慰。

——高準並表示：「我是中國的人民，中國本來就是我的。我從不承認任何人有權阻撓我走遍中國的土地。」所以他最希望的就是要以中國人（而不是持外國護照）的身份公然的去大陸，再公然的回臺灣。因爲在他認爲這本來就是他應有的權利，他說：「這就是一種最基本的人權！」……

——他認中國在先秦時代也曾存在許多相互對立的政權，而無論孔子孟子還是荀子，都照樣周遊列「國」以探求全中國的前途。孔子是魯國人，當時魯國與齊國就曾交戰，但孔子也照樣經魯國到齊國，又從齊國到魯國，從來沒有被認爲有問題。荀子也曾經在楚國與齊國相爭的時候，自楚入秦見應侯，又回到楚國，也沒有人說他有問題。所以作爲一個學人，不論他原屬中國的哪一部份，要堅決打破阻隔，到中國各地去周遊，也正是原始儒家的根本傳統。」

梅處長閱後，似有意外之感，沉吟不語者良久。我不知道他究竟是對於我說不是響應北京最近對臺建議感到不滿呢？還是對於我說走上中國任何一片土地是基本人權而感到不滿呢？還是對我引述孔孟而感到不滿呢？也許都有一點吧。

隨後，他問道：「你對葉帥的九點聲明覺得怎麼樣啊？」

我說：「我不贊成。最主要的第一條就無法贊成。中國統一是中國全體人民的事情，豈可由國、共兩黨自行談判就算了呢？國民黨在全臺灣人口中不到百分之十，共產黨在全大陸人口不到百分之四，均不足以代表兩邊的全部人民。只跟國民黨談，那麼把臺灣人民放到哪裏去呢？要談到中國的統一，只有召開國民會議乃可。國民會議應由各黨各派及無黨派人士共同參加，而無黨派人士尤其應該佔大多數，因爲全國大多數人士是不屬於任何政黨的。統一的憲法必須要由這樣的國民會議共同制訂通過，然後，交全國人民分省而以無記名投票複決，在每省都獲得大多數人民的通過後，才能成立生效。統一的國家才能誕生。其間當然還可以採用分章或分條複決的方式，以免因某一條的阻礙而使其他均遭否決。這樣，無爭議者可先行通過，有歧見的條文就再行討論，至於通過爲止。而凡是沒有經過全國人民投票複決的憲法，事實上都還算不得眞正的憲法，只能算是一種臨時基本法而已。從這個觀念說來，則中國有史以來還從來不曾有過一部眞正的憲法。也不曾有過眞正的主權在民的統一。統一之大業既如此艱巨，則不由中華民族全體人民來共同討論還行嗎？

「而像中國這樣大的國家，只有實行聯邦國體才能適當，面積這樣大，人口這樣多，各地情況差別這樣遠，除非實行聯邦，使各邦能充份決定它自己的事務。就不能使各地的人民得到眞正的民權。將來的中國，臺灣是否成爲一個邦呢？我肯定是必須的。臺灣應當成爲一邦而參加在中華聯邦之中。但其他各地（整個大陸）也絕不該總共只有一邦，新疆、西藏、青海、四川這樣的大地區固然該自成一邦，其他地區也應該依地理、風土、人民等等各種因素而大約每兩、三省合爲一邦。各邦應先分別制訂邦憲法。各邦憲法訂定後可以互相參考，以發現各邦憲法相互的優劣點。行之有成，再以國民會議集思廣益，共訂聯邦憲法草案，而經各邦人民分別直接投票複決，至於通過。統一之大業乃告完成。

「以當前的情形來講，則海峽兩岸的兩部憲法，各有若干關於人民基本權利的條文是兩部憲法相同的部份，這兩部憲法中相同的關於基本人權的條文，從來沒有任何人反對。故此一部份條文，可以視爲中國眞正的共同憲法，應具有最高的法權地位。其他條文則均只能視爲各別的單行基本法而已。至於任何法令條文之違背抵觸這些共同的人權條文者，就都只能是『非法之法』而已了。」

梅處長曰：「海外有些人反對四個堅持，這是不瞭解情況的……」

我說：「『無產階級專政』爲何不可以結束呢？從理論上講，無產階級專政也只是一個一定的階段而已，斷無永不結束之理！現在世界上所有的國家，所有的社會主義國家，却只有中國大陸還沒有結束『無產階級專政』，這不是太落後了嗎？所以理應結束無產階級專政，進入全民國家，才是向前進步。也才能顯出現在這個打倒四人幫的政府，終於有了一點成績。再就對於統一來講，若不結束『無產階級專政』，則對臺灣人民也斷無任何吸引力。因爲臺灣人民的生活，用大陸的標準來看，幾乎個個都是資產階級嘛！那麼你還要堅持『無產階級專政』，還要想統一，統一之後臺灣人民不是全都成了專政對象了嗎？誰還要跟你統一呢？

「至於『馬列主義毛澤東思想』，不妨改用『科學社會主義』來代替。『實踐檢驗眞理』，毛澤東晚年的言論旣都已被否定了，『堅持毛澤東思想』還說得通嗎？如果說『毛澤東思想』不是毛澤東一個人的思想，則又何必要用他的名字呢？以此，對於馬克思列寧主義也是一樣。眞理絕不可能只爲某一個人所囊括，那麼用人的名字作主義的名稱有什麼意義呢？馬克思自己就說過他不願被稱爲馬克思主義者。馬克思曾說過他自己的思想是一種科學社會主義。社會主義自有崇高的理想，但必須是符合科學的，才有價値與可行性，才不至於使大衆遭殃，而『科學的』也不是自稱就可以是的，必須受實踐之檢驗。馬克思思想也不例外。以此，則科學社會主義就高於馬克思主義了。馬克思列寧思想也必須受科學的檢驗，其非眞理的部份就必須淘汰。而也唯有在『科學社會主義』的原則下，才能不斷去蕪存精，富有彈性，而適應時代的要求。既要『實踐檢驗眞理』，豈可不使自己的眼界更開闊一點呢？」

「你的話也不無道理。」梅處長說：「可是，呃，幾個月前六中全會的那篇《若干歷史問題的決議》，你看到過吧，我們認爲那歷史決議中對毛主席的評價是很公正的。所以，他老人家的名字現在還不能拿掉。」

他又問：「中國統一是大家的願望，關於統一這問題，你還有什麼看法沒有呢？」

我說：「中國今天不是分成兩個，是三個。還有一個是外蒙古。中國今天應該，也只應該有兩個統一戰線。一個是抗俄的統一戰線，一個是反獨（臺獨）的統一戰線。海外的臺獨份子，他們不承認自己是中國人，當然要反對。但俄國却是中國眞正最大的敵人，今天的外蒙，所謂『蒙古人民共和國』，根本是蘇俄控制下的傀儡政權，俄國在中俄及中蒙邊界陳兵百萬，世所共知。所以今天需要建立一個抗俄統一戰線，號召全世界的中國人，以及一切受俄國威脅的國家，共同抗俄。要把俄國的勢力從外蒙趕出去，使外蒙參加中華聯邦——也只有建立聯邦國體，才能達成使外蒙回歸的目的。但我們還不只是要使外蒙回歸而已，抗俄統一戰線的最終目的，一面要使世界各國免於俄國的威脅，使東歐各國及蘇俄的各加盟共和國都要從俄國的控制下解放出來，另一方面，我們中國則要收回一八四〇年以來被俄國所割佔的全部失土。也只有當收回一八四〇年以來的全部失地，才是完成了一八四〇年以來歷輩志士仁人，前赴後繼、犧牲奮鬪的目標。收回一八四〇年以來的失地，恢復這以前的國際地位，就是百多年來中華民族努力奮鬪的動力與方向。而也只有建立抗俄統一戰線。才能鼓舞海內外及海峽兩岸一切具有愛國心的人團結合作，共同奮鬪。總之，建立聯邦國體，則可有助於獲得具有地方主義思想傾向者的贊成；建立抗俄統一戰線，則可爭取右派民族主義者的合作；結束無產階級專政，則可促進中國之民主並獲得臺灣全體人民的好感；將馬列毛思想改爲科學社會主義，則可有助於進一步突破教條的束縛，吸收外國的優點，開發國民的智慧而促進中國之現代化。欲謀中國之統一，非以此數項前提不可。而召開國民會議則爲其應行之方法。」

梅處長想了一下說：「『抗俄統一戰線』，這倒是……可是，這要引起外交問題。」

我說：「這是根本大計。」

接着，我說：「另外，聽說國內有一個什麼『公安法』，抓了人可以不經審判的，這是怎麼回事？」梅處長有點惶惑的說：「這個我不知道。」我說：「大陸的青年民主運動人士與民辦刊物主編紛紛被捕，在海外的反應極壞，卽使他們的言論有什麼不妥之處，也不應該把他們的人抓起來，應予釋放爲宜。」梅處長聽了這話，神情變得有點激動，說：「這些人，他們正事不幹，專門混淆視聽，顛倒是非，妨害團結，不利四化。不抓起來還行嗎？」說着，他指着飯桌上一碟鷄，說：「很簡單，要想吃鷄，就得去生產嘛。像他們那樣整天的生產不做，却玩弄一些理論，影響到大家的工作情緒，這樣搞下去，不是又要弄成什麼『大辯論』了嗎？大家都跟着這麼來的話，都捲進去『大辯論』去了，誰去做工呀？還有飯吃嗎？國家都要被他們搞垮了。文革時那些人不就是搞『大辯論』搞起來的嗎？還能讓人家這樣搞嗎？」我說：「那至少不必抓起來嘛。總該可以弄得再高明一點，既不影響生產，也不必抓人。」梅處長說：「那怎麼弄？不抓起來，那還要養着他們了。」

這時，時間已經相當不早，繼續說了幾句閒話，也就結束了話題。

數日後梅處長的上級李局長請吃飯時，嵩叔與畢朔望等也應邀作陪，赴席前，嵩叔就悄悄拉我一下說：「魏京生這些人我們都不提的啦……。」那麼，顯然，我與梅處長的談話都已經傳到了他們耳裏了。其實我與梅處長也並沒有提到魏京生的名字，只是泛說「民運人士」而已。看來，「民運人士」在大陸，就有點像在臺灣官方場合講到「黨外人士」一樣受到忌諱。而對於臺灣的「黨外」，中共也絲毫沒有表示任何興趣，一般人則也許是根本不知道，整個行程就沒有任何人問起過一句。

三、北京大學

又次日（十一月十日），晨，曾到機場接我的接待人員蕭女士來，說關於要去登那麼些山，恐怕難於安排。至於要參觀大學，則現在就可由她陪同去北京大學參觀。蕭女士身材瘦小，留齊耳短髮，穿素色衣服，外罩黑色大衣。以我在外面的經驗看來，年齡要比我大好幾歲，但後來知道她四十剛出頭，與我同年，她的同事都稱她爲老蕭。

出門，坐上了一部由小王駕駛的日本車，開赴北大。北大已非當年之北大，而是佔用了從前燕京大學的校區，位於市區西北，距頤和園不遠。進入校門，但見一座巨大的毛像，舉着右手，站在那裏。後來轉到後面廣場，則又有一座完全一樣的巨大毛像矗立着。其巨大的程度顯得與全部校舍的建築尺度很不相稱。下了車，有校長室秘書程君等候迎接，迎入貴賓室奉茶寒喧盡禮。贈我紀念校徽一枚及學校簡介一冊，然後陪同參觀校區。

北大的校舍與臺北的政治大學頗感相似，沒有臺大的建築來得講究。全校現在教授、副教授共六百五十人，講師一千四百人，助教五百餘人，教員一百餘人，其他員工四千二百餘人。學生計本科生九千人，研究生六百五十人，及外國留學生二百五十人。共有二十二個系，沒有分割學院。若照外面國家的體制來看，則依各系的性質，共包括文、理、法、工四個學院。其中屬於文學院的學系計有中國語言文學系、西方語言文學系、東方語言文學系、俄羅斯語言文學系、哲學系、歷史系、及圖書館學系。屬於法學院的學系有法律系、經濟系、與國際政治系。屬於理學院的學系計有數學系、力學系、物理學系、技術物理學系、地球物理學系、化學系、生物學系、地質學系、地理學系、與心理學系。屬於工學院的學系有無線電電子學系與計算機科學技術系。另外研究部包括九個科技方面的研究所，和六個人文社會方面的研究所。

研究所體系的不完備是令人驚訝的。人文社會方面既沒有中國文學研究所，也沒有歷史研究所，也沒有政治學研究所，也沒有法律學研究所，也沒有經濟學研究所。有一個外國哲學研究所，但中國哲學研究不知放在哪裏？至於社會學、人類學、政治學與新聞學，則連學系也沒有，其國際政治學系大略相當於外交學系，並不是政治學系。理科方面則地質學、地理學與心理學也都沒有研究所的設置。遍查全部課表，也沒有「中國政府」及「行政學」這樣的課目。「中國政治思想史」也沒有完整的課目，只有法律系有「中國政治法律思想史」，在國際政治學系有「中國近代政治思想」。

在中文系的課程裏，語言文字方面的有十二種，文學方面的有八種。文學方面的八種課程中屬於中國歷代文學的計有「中國古代文學」、「中國現代文學」、「中國當代文學」與「民間文學」四種。至於其它四種是「文學概論」、「文學創作論」、「外國文學」、與「馬恩論文藝」。沒有「詩選」、「詞選」這樣的課目，大概都擠壓到「中國古代文學」一門裏去了。中文系標明包括文學、漢語與古典文獻三個專業，但課程中看不到任何有關「古典文獻」的課目。

歷史系標明包括中國史、世界史、與考古學三個專業，其中考古學方面的課程有七種，世界史方面只有「世界古代史」、「世界近代史」和「世界現代史」三項課目，雖然在西語系和東語系中各設有「所學語言國家歷史與概況」課程，在歷史系中却沒有任何分國的歷史課目。中國史方面則也只有「中國古代史」、「中國近代史」、「中國現代史」和「中國歷史文選」四項課目，沒有斷代史的課，從上古直到鴉片戰爭前大概都擠在「中國古代史」一課之中了。

北大（卽舊燕大）向以校園優美稱著，其優美部份就是校園中的未名湖一帶。未名湖約與臺灣新竹清華大學校園中的湖差不多大，湖畔有塔，那塔原是貯水塔，外形造成十三級寶塔之狀，古色古香。堤岸垂柳，倒影湖中，確是十分秀麗。但湖中小島上，但却裝置了一個電子雷達用的大網，看來十分刺目，湖畔展望最好的一塊坡地上則安置着曾於四十年代赴延安，而以「紅星照中國」一書聞名的美國作家史諾的墓。「史諾的墓幹麼要放在這裏呢？」程秘書說是由於史諾死前遺言要葬在中國，他在北大教過課，就把他葬在這裏了。我說：「這塊地應該留給馬寅初，或者蔡元培也適當。史諾不是學界中人嘛，他要葬的話該葬到延安去才對。」程秘書笑道：「嗳，說得倒也是。」

走進圖書館，各閱覽室的建築與教室都沒有區別。各閱覽室都坐滿了學生，靜悄悄的在看書或作功課。學生都差不多全穿着灰、藍或草綠色的衣褲，往往是草綠色的上衣配着藍色的褲子。沒看到任何女學生能顯示出苗條的身段。在文史教員參考圖書室裏，一進門，就看到放着一套臺北中國文化大學出版的《中文大辭典》。在路上時，蕭女士正和我講起平常沒有完整的中文辭典，引以爲苦，我就向她說到臺灣編了一部《中文大辭典》，是有史以來最大的一部。這時，我連忙指給她看：「喏，就是這部。」她非常欣喜的說：「哎呀，這麼大啊，以後可方便多了！」

這時，我對程秘書說，中文系有一位葉蜚聲教授，他去年赴美研究，上個月才回來，他在美時曾與我相談甚歡，要去看看他。程秘書說他就住在校內不遠。就陪我到葉先生宿舍去。北大的教授宿舍，也就是從前燕大時代蓋的，結構略似臺中東海大學的教員宿舍，但從前(燕大時代)是一幢住一家，現在則要分給兩三家住，弄得相當破舊。屋外的空地上還堆着煤球。葉先生出迎，但見他已變了副樣子，西裝不再穿了，穿了一身破舊的中山裝。他笑呵呵的迎我入內。進去就是厨房，然後轉到他的房間，房間的牆壁大概已多少年沒粉刷了，非常黯黑，房子裏放着一張疊床，一張書桌和兩把椅子及其它雜物，疊床的下舖就是他睡的，上舖則堆滿着零亂的書籍。我說：「葉先生這房間倒很像臺灣的研究生宿舍。」遂相顧大笑。他說：「是呀，你現在知道了，國內教授的宿舍也不過是這樣了。學校最近本來有一間新宿舍配給我的，我不想搬。住慣了，還是就住這裏好。」一出得門來，葉先生指指不遠處的一棟房子說，那就是馮友蘭的住宅。我說：「馮先生現在怎麼樣？」葉說現在好像比較不大有人去看他。遂與葉先生到未名湖畔留影而別。

四、故宮觀感

十日下午，遊覽故宮。

北京自西元十世紀初起，曾先後爲遼代的陪都及金、元、明、清代的都城，但遼金元的故宮早已蕩然，現在的故宮則基本上是明成祖朱棣篡位並在南京大肆屠殺後，於永樂十九年（西元一四二一年）遷都北京時所建，清代再加修葺而成。據《明史》記載，北京的宮殿主要是由太監阮安所設計監造。阮安是越南人，當成祖永樂初年遣張輔攻伐安南時，阮安方在幼年，以相貌秀美，被擄而慘遭閹割後送入宮中爲太監。安性聰穎，長於巧思，受成祖信任而終於設計造成了這座遺留至今的偉大建築。中國歷代往往對宦官印象惡劣，其實宦官中亦不乏傑出之士。蔡倫造紙、鄭和下西洋，均有偉大成就。司馬遷受腐刑後任中書令，亦是與宦官相類的宮內之官。這些均是世所習知。而阮安造故宮一事則恐怕還不大有人知道。

故宮坐北朝南，它的縱軸線與遠處舊北京城前門門樓的中央點完全筆直，一絲不差。整個故宮的範圍成左右完全對稱的一個長方形。門殿重重，十分嚴整。入天安門後，又過一門，卽可見午門，兩門之間亦有相當闊的廣場，中央道路兩邊種有樹木。午門的高度似乎比天安門還略高，成凹字形，除中間的門樓外，兩邊還有向前突出的箭樓。從前臣下得罪了皇帝而推出殺頭，在午門斬首，就在這門前。

入此門後，再依次爲太和門、太和殿、中和殿、保和殿，然後是後宮。太和門、太和殿與保和殿的構造幾乎完全相同；中和殿則較小而爲正方形，較有特色。這一排排的宮殿，固然是十分雄偉，氣派極大，但老實說，實在非常乏味。一座座都跟廟樣的，又都是那麼空蕩蕩的，陰陰暗暗的，簡直沒有一點人味。包括後宮慈禧太后的寢室與皇帝、皇后結婚用的寢室在內，都是一樣——像廟樣的，陰陰暗暗的，一點溫暖感都沒有。總而言之，整個就是一所沒有佛像的大廟，而除了建築本身以外，其中也沒有任何動人心魂的藝術品。故宮的書畫固然都搬到臺灣去了，但卽使在從前有皇帝在的時候，這些書畫也一定是捲起來藏在旁邊的庫房裏而不可能有任何一張掛在這些大殿上，因爲就這些大殿的構造，我看不出有哪裏可以掛畫的地方，而那些藝術家與自然山川氣息相通而產生的作品也實在與這裏的氣氛格格不入。從午門直至保和殿後的後宮宮牆之間，這樣廣闊的空間內，沒有任何一棵樹。所有殿與殿之間的空地上全部用石塊舖砌，沒有任何一片花圃，也沒有草坪，也沒有泉水，也沒有雕像，簡直可以說是生氣索然。我參觀過法國巴黎的故宮，意大利翡冷翠的故宮，日本京都的故宮和泰國曼谷的故宮。它們都遠不如北京故宮的規模龐大，但實在說，要以北京故宮最爲乏味。

巴黎的羅浮宮與翡冷翠的烏非齊宮外觀雖然平凡，但其中無數的藝術傑作，均與其房舍緊密相連，莫不使人留連不忍離去，比之北京故宮的空空洞洞，實不可同日而語。至於北京故宮一角的珍寶館中的珍寶，其實也都是些玩物喪志的侈奢品，與烏非齊及羅浮中的絕大部份藝術傑作是完全異趣而不能視爲同類的。曼谷的故宮則雖然房子裏面有一大部份不得入內參觀，但整個建築充滿了強烈的異彩與神秘的氣氛，加上緊密相連的庭園樹木，使人如入童話中的夢土。京都的故宮規模很小，比它對門的幕府大將軍的二條城要小得多，但好就好在規模很小，給人絕無奢靡之感。一種十分樸實淸純的風格，配上自然雅趣的庭園，使人心神曠暢。北京故宮則似乎顯示了一種强烈的專制精神，表現着毫無道理的對民脂民膏的大量浪費，毫無仁慈的嚴酷的氣氛，與毫無人味的鎭壓感。中國元明淸三代的宮殿建築，事實上，也正從一定的角度上反映了元明淸三代的政治性格。而日本京都的故宮則可說也在一定的角度上反映了幕府時代天皇垂拱無爲的政治性格而溝通了中國道家精神在建築上的落實。

前輩美學家宗白華教授在他新出版的《美學散步》中指出，在中國美學史上有兩種不同的美感或美的理想，卽是所謂「錯采鏤金」的美與「芙蓉出水」的美。而從魏晉六朝開始（或者更嚴謹的說，該是從東晉開始）中國人的美感已認爲「芙蓉出水」比之於「錯采鏤金」是一種更高的美的境界。所以《詩品》云：「湯惠休曰：『謝詩如芙蓉出水，顏詩如錯采鏤金』，顏終身病之」，顏延之何以要對這評論「終身病之」呢？就是因爲當時大家已公認「錯采鏤金」是比不上芙蓉出水的。但中國在建築方面，尤其是元明淸的宮殿與廟宇建築，却始終仍是朝「錯采鏤金」的方向走。相反的，日本的大部份傳統建築，包括京都故宮在內，却是體會了「芙蓉出水」的精神。惟就「錯采鏤金」而言，則北京故宮又比不上曼谷的故宮。蓋欲充份表現「錯采鏤金」之美，則必須有奇瑰的構想與緊密的空間。曼谷的故宮就作到了這一點。而北京故宮一方面既要求四平八穩、中規中矩，構成一種完全刻板的對稱。卽已無奇瑰之可言。而儘管雕樑畫棟，但旣配置在廣袤空蕩的石板廣場間及極高的柱頂上，則自又不能使其佔有視覺的主要領域了。

是晚，蕭女士及司機小王與我同去首都戲院看曹禺的話劇「日出」。首都戲院規模並不大，比臺北中山堂小得多。戲演得相當不壞，但觀衆反應却很差，最後一幕還沒降落，觀衆就紛紛站超來走了。掌聲寥落，演員出來謝幕時也幾乎沒人理會。小王甚至在演出中打起瞌睡來，散場後說：「一點也引不起興趣。」看來，滿清故宮的時代固然過去了，而曹禺的時代畢竟也過去了。曹禺所寫的三十年代的上海社會，與現代的中國大陸社會已經沒有共同點，無怪乎當前年輕一代的觀衆已難於引起共鳴。而「日出」中的情況，卽使拿到臺灣去，與臺灣現在的社會情況也有很大的距離，恐怕也難引起觀衆的熱情。臺灣當局現在還很怕曹禺的作品，從這情形看來，實在已沒有怕的必要。而這似乎也說明一項道理——愈是緊扣一時的問題的作品，在當時雖或備受矚目，而却愈難引起恆久的興趣。一件藝術品，如不能使代代的讀者感到與他生命中的某些因素有所關連，則它也勢必難於獲得永久的生命。

燕京散記 下

五、西山與頤和園

又次日，十一月十一日，決獨赴市郊一行。久聞香山紅葉之美，現雖時已深秋，也許還沒落完吧？乃仍由小王駕車前往。香山是西山的一部分，自然是在市區之西，而香山則在西北郊。未抵香山，先抵臥佛寺。臥佛寺處壽安山麓，始建於唐初的貞觀年間，到元朝至治元年（一三二一）重新擴建，歷史悠久。現存建築，基本上是元代式樣，亦已有六百多年了。

抵山門，有琉璃牌坊一座，甚高大，中額上寫「同參密藏」四字，寺有四重殿，還有配殿和東西跨院。四重殿均裝修一新，其中有兩殿之間有一塘方池，水甚淸澈，憑欄臨池，頗感爽逸。臥佛在第三重殿內，迎門是一個巨大的木榻，橫躺着銅鑄的臥佛。臥佛身長五公尺餘，重達五十餘噸，即爲元朝重建此寺時所鑄。據《元史》記載，當時冶銅五十萬斤，耗工七千人而成。臥佛一臂平伸，一臂曲肱而枕，神態安祥。周圍環立着十二座小佛像，據說是表現釋迦臨終前躺在婆羅樹下向十二弟子囑咐的情景。寺內當時也引種了幾株婆羅樹，現在還存兩株。寺後山坡上有小徑可登，登上了半山的小亭，從亭中眺望，可見到整個寺園成長方形，樹木相當多，而寺園外的坡地及向前展望的平原上則均毫無樹木，使人更感這些樹木的可愛。

臥佛寺的規模，範圍及其座落的地理位置，不期然的令人感覺與日本奈良近郊的法隆寺有相彷彿之處。但臥佛寺的美是「錯采鏤金」的，而法隆寺則正有「芙蓉出水」的意趣。法隆寺的始建年代，當中國之隋代，其建築受了中國南朝建築之影響。這可見中國從晉代與起的「芙蓉出水」的美學理想，在南朝時已影響及於建築，且自隋代起卽遠傳到了日本，而對日本的美學思想亦發生了重大影響。但中國則自南宋旣亡，在從遼金元相傳而來的北國勢力掩捲之下，在建築上遂重又回到「錯采鏤金」的作風。

中國的歷史，並非直線的發展，而可說曾有三度的反覆：自秦至於南北朝之末；自隋至於南宋之亡；自元至於民國初年……。且試看，隋之與秦，初盛唐之與西漢，安史之亂之與新莽赤眉之亂，中晚唐之與東漢，五代之與三國，北宋之與西晉，南宋之與東晉南朝。從巨視的觀點看來，這一發展的流行，豈非均可視爲歷史的重覆前進？而元明淸之與秦、西漢、東漢，從巨視的觀點，亦同樣可說是一種歷史的再反覆。明太祖且曾十分自覺的自比於漢高祖，並把他的功臣逐一分擬於蕭何、張良等人。雖然朱元璋比劉邦要壞得多，明淸政治也比兩漢要專制得多。但總的流行却仍相似。而太平天國之於黃巾、黃巢；北洋政府時代之與建安及後梁，亦仍不無類似。則中國迄今仍在分裂衰世之局，豈亦歷史之所必然嗎？而元代以來建築之重尚「錯采鏤金」的風格，亦正可說是一種藝術趣味的重行童稚化的表現。

自臥佛寺車行不遠，即抵香山。香山包括兩個遊覽區：一是碧雲寺，一是香山公園。兩者入口在同一地點，一向前，一向左，要分別買票。入口處前的空場上有一些小攤販，出售淸茶。

碧雲寺規模甚大，創建於元朝末年（一三六六），明朝時有兩次擴建，淸乾隆十三年（一七四八）又作了大規模擴建。從寺的山門外，只見小橋、山門，橋下流水淙淙，看不到寺內建築。進入山門，才豁然開朗，層層展開，共有五座殿堂，依山勢層層升高，景色甚爲優美。第二層殿內有銅彌勒佛坐像，像高二公尺半，是明代中葉（十六世紀）的產品。第三四兩殿，原有的塑像和玄奘取經故事的木雕，均已完全毀壞。其中一殿之匾額曰「丹青閣」，其中現在賣一些字畫與紀念品，也賣一點冷飲，其門上則貼上了很大的可口可樂英文廣告。

碧雲寺的最後一重殿，自一九二五年孫中山先生在北京逝世後起，卽將之改爲「孫中山紀念堂」。一九五三年曾進行裝修。廳中央有中山先生半身塑像，牆壁上則刻了一份「孫中山致蘇聯遺書」。此一遺書爲臺灣出版的《國父全書》所不收，據說是由孫中山的英文秘書陳友仁所撰，原稿爲英文，於中山先生彌留之際交上去而簽了名的。讀其文，確實是翻譯體，與中山先生平素的文字風格大有不同。廳中並陳列着當年蘇聯政府贈送的水晶棺材。水晶棺材是要把遺體製成木乃伊後置入，是蘇聯對列寧遺體所創用。國民黨雖未用蘇聯送來的這一水晶棺材，後來却仍把中山先生的遺體製成木乃伊。前幾年，則共產黨又把毛澤東氏的遺體製成木乃伊。這實在都是極端落後的做法。中國自來對遺體講求的是「入土爲安」，對偉人則講究「精神不朽，發揚遺志」。遺體不入土而製成木乃伊，則是回到了四千年前古埃及奴隸王朝的作風去了。近年蔣公在臺謝世，未製木乃伊，則總算是有進步。

從這最後一殿繼續前行，則有金剛寶座塔，乃依印度風格而建造。塔建在一座大台基上，台基分三層，有石級可登。第三層台基上雕有許多佛像，台上立有五座石塔和兩座小型西藏式白塔，塔座上有浮雕佛像和花飾。登上台頂，眺望遠近，林木鬱鬱葱葱，令人精神愉快。台基上層拱門裏，則刻有「孫中山先生衣冠冢」八字。原來中山先生逝世後靈柩曾暫厝在塔座的石室中，及移靈南京，就將衣帽封置在塔座中。但中山先生信基督教，不信佛教，而乃借佛塔爲其衣冠冢，實不能謂爲適當。

碧雲寺中殿左側，有羅漢堂，是一座田字形建築，裏面排列着五百座羅漢塑像，均約與眞人大小，全部爲坐姿，面部表情、服飾及姿態則各不相同。另還有四大天王與其他佛像多座。此堂爲乾隆年間所造。此爲西跨院。

東跨院又稱行宮院，現用爲餐廳。時已中午，乃出山門邀小王同入午餐。小王說：「外賓不預訂吃不到的」，我說：「我不是外國人，試試看。」結果服務員看到我掛在身上的北大校徽，遂得順利獲購。

餐後，乃入香山公園。香山公園範圍很大，事實上就是整座的香山，景色十分優美。略似臺北近郊的陽明山，而比陽明山更見秀逸。且又有古跡、名園、琉璃塔寺點綴其間，步行其中，隨處都是勝景，這就非陽明山所可比了。香山遠在西元一一八六年的金代，卽建有規模宏大的香山寺，金章宗完顏璟曾七度來香山遊獵，遂又成爲皇家獵園。元、明兩代迭有增建，清康熙、乾隆時代，更建成「靜宜園」二十八景。但到晚清則因遭外國侵略者兩度破壞，只剩下一些殘跡。到一九五〇年以後，才又重加整修，並增植了大量的樹木，補修了道路，疏挖了池塘，而成爲現在的面目。

香山的遊覽點甚多。琉璃塔在西北山坡上，八角形七級浮屠，瓦檐及廊廡均用琉璃砌成，晶瑩而半透明的黃綠兩色，極爲華美。各層檐角均掛有銅鈴，山風來時，叮玲飄響。此處展望也好，令人大有飄然欲仙之感。琉璃塔前下方有昭廟，很大的像城堡樣的建築，式樣很特別，但未開放。再向北行，有見心齋，是一處幽靜的園中園，建于明嘉靖年間。園中有半圓形荷池，泉水由石雕的龍口中流出，池側有廳榭閣樓，另三面則圍以迴廊，境界優美恬靜。全園的中心處是玉華山莊。園內花木叢生，遊人可在此飲茶。其南面平台卽爲看紅葉的最佳地點。明代詩人朱國祚遊香山詩云：「置身着色屛風裏，梨葉新紅柿子黃。」我本是要探訪紅葉而來的，按路徑圖匆匆趕到這裏，不料却仍是來遲一步。但見滿山蕭蕭的枯林，紅葉已在數日前落盡了。

香山寺的遺址則在南面山坡上，與玉華山莊隔着山谷。從玉華山莊走半山腰中的小徑過去，早幾天的話，原該是身在紅葉林中的。經過半山亭後不遠，就到了香山寺舊址，舊址原有五重殿，其中有幾重現正在施工重建。從這裏下山谷有非常長的層層石階，石階很寬，由此可想見從前寺貌的雄偉。下完石階往入口方向回走，則有正在建造中的香山飯店，由世界知名的名建築師貝聿銘所設計。將來造好後自必另有一番盛況矣。（按：現已造好。據悉建築甚好而服務甚差。）

自香山回來，經過頤和園。但時間已不早，遂只匆匆在昆明湖畔略事瀏覽。昆明湖看來大約與高雄的澄清湖差不多大或略小一點，而風光之勝自與澄清湖大有不同。入門不遠處首先遇到的是湖畔長廊，憑廊眺望，萬壽山佛香閣倒影湖中，另一邊則十七孔橋玲巧的弓臥在瑩澈的波光上。遠處山頭上的白塔溶入景中，似與佛香閣遙遙並峙。據說頤和園整個是略仿杭州西湖而濃縮以成。遠山白塔正略似西湖葛嶺的保俶培，而佛香閣的形構則與六和塔有相似之處。湖中可划小船，到冬天則湖面會完全結冰而形成一個天然的極大溜冰場。登上佛香閣，但見湖面曲折環廻，再走下山坡，重到水邊，卽可見到著名的石舫。復行不遠，則有諧趣園。諧趣園亦是一個園中園，以荷塘爲主，環繞着迴廊亭閣，有小橋垂柳，別具清幽境界。頤和園除了十七孔橋與秀逸絕倫的玉帶橋外，還有很多美麗的橋，如柳橋、鏡橋，豳風橋，均橋上有亭，嫵媚動人。中國元明清式的亭閣，如建在平地上，往往會略有笨重之感，今架在石橋之上，凌虛而立，感覺就完全不同，大有氣韻生動之緻。

自頤和園出，有京密引水渠。水從昆明湖中流出，一直通往市區，十分淸澈。兩岸楊柳連綿。我對小王說，可在渠中置遊艇，於市區適當地點上船，一直開到頤和園。則從北京到頤和園還可乘舟而行，不亦美哉！

有人說慈禧太后當年如果不把海軍經費挪來造頤和園，則其海軍的船艦也必然在甲午戰爭中燬滅殆盡。倒幸而修造了此園，還永久的留下了一個中國庭園的偉大遺產。這話聽起來好像是笑話，實在却含有深刻的道理：如果只求船堅砲利而不去從政體與制度上作根本的改革，則卽使有了堅船利砲，不但是沒有用的，而且也終將灰飛煙滅而徒成泡影而已。

六、會見艾青

回到飯店，只見老蕭正在找我：「唉呀，這麼晚才回來，你前天說想見艾青，今天已跟你約了和艾青會面呢！」啊？久仰大名的艾青？於是在暮色蒼蒼中，匆匆趕到了艾青居住的北緯賓館。

艾青身軀微胖，容貌蒼老，步履略顯蹣跚。穿着一身鐵灰色的中山裝，領子的風紀扣則沒有扣。臉上不時顯出一種自嘲式的微笑。有點想要瀟灑又瀟灑不起來的味道。我以前見過他一張在一九二九年攝於巴黎的照片，風神秀雅，打着領結，很像臺北的青年詩人丁零。現在那個瀟灑勁兒是再也找不到了。我忽然覺得，他的一生，似乎都已經寫在他的儀容上了：一個具有浪漫詩人氣質、反叛性格的少年，要去投身革命，而殘酷的現實，却終於使他在革命的陣營裏備受打擊；心早已碎了，而仍然頑强的不認輸，要永久穿着象徵革命的服裝；但却終於永遠也無法扣上他領子上的風紀扣。

我對艾青說：「仰慕您已有很久了。」艾青却也對我說同樣的話。奇怪，這怎麼回事呢？艾青立刻找出了一張他手抄的稿子，抄的是我於一九七九年在愛荷華大學的「中國文學前途座談會」上的講話。他說：「我贊成你的意見，我很欣賞。」我告訴他因爲去西山尋訪紅葉，耽誤了來看他的時間，而不料紅葉也落得一張都沒有了。艾青畢竟是屬於詩的，他說：「紅葉不知道你要來呢，不然的話會等你的。」我們好像忘了年齡與身世的各種隔閡，熟朋友似的天南地北的聊了起來，也沒什麼主題，但話却都講得很順，而且好像也都是很自然的聊天的話，絲毫也沒有生疏感。講到艾青的詩，我提起他的《雙尖山》，提起他的《礁石》……。我非常驚訝的發現老蕭從來不知道艾青的詩。我以爲艾青的詩，在臺灣一直被禁，當他「大左派」，在臺灣中年以下的人沒有見過是自然的；而在大陸，老蕭這種年齡的人怎麼竟也會沒見過呢？結果老蕭說，從她開始接觸文藝以來，艾青已被打成「右派」，所以她固然早知道艾青的大名，却只知道「艾青是右派」，其他什麼也不知道。我說：「在臺灣，一般人也都知道艾老的名字，可是只知道他是「左派」，其他什麼都不知道。」說着，艾老臉上那特有的自嘲式的微笑也就更濃了。這時，走進一位穿着陳舊的藍中山裝的大約四十多歲的男士，神情沉鬱的坐了下來。艾老說：「這是駱同志。他爲了研究我，也被下放整了二十年。」原來這位駱同志當年大學將畢業時，以「艾青詩的研究」作畢業論文，正在那年，艾青被打成「右派分子」，他的論文還沒發表，却也跟着被打成右派，下放勞改了二十年，一直到艾青獲得復出後他也才得平反復出。現在則繼續他未完成的「艾青研究」，所以經常來此看看艾老。

講到艾青當年被打成右派的情形，我說我看到過一些當時批判他的文章，我很驚訝臧克家怎麼也寫了一篇？「他不是你的老同志老朋友嗎？」艾青說：「他，不是我的朋友。是朋友就不會這樣了。」講到他下放在新疆時的情形，他告訴我曾長期從事着堆肥的重勞動，這時他的愛人高瑛插着說：「好幾次累得昏厥過去。」高瑛是個胖胖的中年婦人，也寫過詩，當年艾青被批的時候，她也曾被牽連辱罵，還有人罵她是爲了想在文壇上爬上去而嫁給艾青。但歷史的考驗却說明在艾青遭受折磨的二十多年來，她始終與艾青有難同當，至於今日。不知曾有多少人，當配偶發生了政治或經濟上的厄運後，就要斷然求去。然而，却也始終不斷的有像高瑛這樣可敬的人。

在路上時老蕭曾告訴我明天下午「作家協會」要和我舉行座談會。我就問艾青去不去？艾青却問老蕭說：「怎麼沒有請我呀？」老蕭連忙說：「因爲知道您身體不很好，不敢勞動您了。」這時老蕭也催促我說：「艾青同志身體不很好，還是不要打擾太久了吧！」我把我的詩集《葵心集》，評論集《文學與社會改造》，及我所編《詩潮》詩刊第一集各一册送給艾青，艾青也送了給我他的《艾青詩選》與《艾青叙事詩選》各一册。我告訴他最近在臺北出版的我的新書《詳註中國古今名詩三百首》中也選入了他的詩，並未被臺灣當局找麻煩。他聽了顯得很高興。走到門口，艾青又問老蕭：「明天不請我啦？」老蕭仍然說不敢勞駕。艾青是作家協會副主席，我這次是由作家協會出面邀請而來。而作家協會的活動却不必通知艾青。那麼，在老蕭們的心底裏，艾青——「艾青是右派」，莫非仍是這句話吧？

七、文藝座談會

中國作家協會爲歡迎我而舉行的座談會在一間小會議室舉行。由《詩刊》主編、詩人嚴辰擔任主席，其他出席者有主要寫作於四十年代的著名詩人杜運燮，《詩探索》主編也是北大中文系教授的謝冕，「人民文學出版社」詩歌散文組主編劉嵐山，《讀書》雜誌主編馮亦代，《當代》雜誌主編楊匡滿，「中國社會科學院文學研究所」研究員楊匡漢，《文藝報》編委劉錫誠和畢朔望、劉湛秋等十五人。

嚴辰先生是自抗日戰爭時期卽已知名詩壇的老詩人了。算起來，與臺灣的詩壇「元老」

覃子豪、紀弦、鍾鼎文等是差不多年紀的。精確一點說，是與鍾鼎文先生同年。他看起來儀表很好，穿着呢料的深藍色中山裝，還保持着很好的身材，沒有像鍾鼎文先生那麼發胖，所以顯得比他的實際年齡要年輕好幾歲。他所主編的《詩刊》，是當今全世界發行量最大的一本中文詩刊，發行於全國各省及海外。也是在臺灣唯一可以找到的大陸詩刊（當然是在某些特種圖書館裏才有）。這《詩刊》創刊於一九五七年初，到一九六四年底停刊，其間均由臧克家主編。一停停了十一年，到一九七六年初又復刊，復刊之初仍由臧克家主編。到一九七九年起才由嚴先生擔任主編。自嚴先生主編以來，風格大有不同。記得鍾鼎文先生曾告訴我，他看到一九七六年復刊之初的《詩刊》，一打開第一篇印的竟是黨的文告，爲之感慨不已，引爲史無前例的笑話。這種笑話，現在早已掃除淨盡了。現在這《詩刊》是一本純詩刊，作風相當開放，各種題材的詩都有一些，詩評也都就詩論詩。作品則以「健康寫實」與「純正抒情」爲主，在這時剛出版的一九八一年十一月號的《詩刊》裏，我也看到周策縱與葉維廉的作品。葉維廉已改變了以往的風格，走着「健康」而「純情」的道路。

嚴先生致歡迎詞時提到他已看到我說不是爲響應葉帥，而是自有主張的話。他對於我早就提出文化溝通的概念表示了欣賞之意。我站起來說話時，就引用了嚴辰的詩《心願》中的句子：

你問我有什麼心願，
我的心願十分平凡：
但願我小小的腳印，
能踏遍祖國的美麗河山。

……………………

我說，這也正是我多年的心願。我這次就是爲求瞻仰祖國河山，瞭解國家面貌，探訪詩壇益友，及與廣大人民交流心聲而來。以期增進我對中國大陸的瞭解，也提供大陸的作家與一般人民對臺灣作較多瞭解的機會。海峽兩岸的廣大人民，相互並沒有仇恨，需要的是怎樣促進瞭解，共同尋求正確的方向。人民與人民的溝通，是誰也阻當不了的必然的潮流。這既是基本的人權，也是自然的則律。就臺灣與大陸的關係來講，則五十年代是對陣的年代，六十年代是冷戰的年代，七十年代是轉化的年代，八十年代是溝通交流的時代，而九十年代則將是重新統一的時代。一部中國現代史就是從臺灣被割讓而開始。在臺灣被割讓後，中國不斷的發生着翻天覆地的變化，以致在臺灣光復後仍然在政治勢力與意識形態的種種鬬爭下形成海峽的鴻溝。我相信在雙方人民不斷的努力與不斷的修正之下，則到一九九五年臺灣與中國大陸走上不同命運的百年紀念之時，中國應將可以完成它眞正的主權在民的聯合的統一盛況。

隨後，我報告了「臺灣文學發展大綱」。臺灣文學的發展，以我個人的認識水平，把它分成七個時期。計爲：

㈠民族古典文學時期（一八八五——一九二〇）

㈡新文學運動時期（一九二一——一九二五）

㈢新文學發展時期（一九二六——一九三七）

㈣消沉潛伏時期（一九三八——一九四八）

㈤反共文學時期（一九四九——一九五五）

㈥現代主義文學時期（一九五六——一九七五）

㈦現實主義文學時期（一九七六——今）

每個時期，自然有所說明介紹。

講演既畢，「人民文學出版社」的劉嵐山先生對我說，我發表在香港明報的《評北京出版的「臺灣詩選」》一文他也看到了，很感謝我的指教。原來該書是由劉先生所編。劉先生也是詩人（後來我在《中國文學家辭典現代第一分册》中見到了他的小傳。早在一九三九年就出版了第一本詩集）。他說畢取出一張手寫的詩稿奉贈給我。原來《臺灣詩選》中選了我的一首《白燭詠》，他就寫了下面的一首詩，並當衆熱情的朗誦了起來。劉先生的詩是這樣的：

燃燒的燭

——讀《白燭詠》並題贈作者高準先生

一支素潔的白燭，
那麼質樸，熱烈而堅強，
燃燒着，燃燒着，燃燒着，
像一盞閃閃的航標燈。

不管風吹雨打，
不管波浪滔天，
照耀着，照耀着，照耀着，
「旣是燭，就該燃燒」。*

（*這是「白燭詠」中一句。）

接着，我們就討論到我在《評「臺灣詩選」》一文中提出的一個問題，那就是，我在該文中指出：「此書（臺灣詩選）既在海外發行，而對臺灣詩人的姓名概用臺灣不用的簡體字，實屬十分不當。大陸上的簡體字多有將兩個不同的字取消其一而粗率的只用一個字來代替的。但在臺灣及海外則仍是兩個不同的字。此書中將「葉舟」改成「叶舟」，「葉香」改成「叶香」，「高準」改成「高准」，都似變成了另外一個人。除非對原作者的詩很熟悉的人，根本無從知道此詩的眞正作者。這等於是侵害了原作者的著作權！……」我對簡體字並不全面反對，但我認爲大陸的簡體字很多都不適宜，有的破壞了原字的藝術美，有的破壞了原字的科學性，均屬不可。而最不可的就是將原來兩個不同的字取消其一而只用一個來代替。這既造成混淆，也破壞語文的精確性。完全是開倒車。而對人名的替改，又無疑造成前面所述的嚴重問題。當時經過一番討論，與會者達成決議：今後凡採用或引述海外及臺灣作家作品時，作者姓名應按其原印的寫法，不以大陸的簡體替改。

我想這可能是我此行第一項見效的成績：替海外及臺灣作家爭取到了「姓名權」！而姓名的字既不再亂簡，則有關各字也就獲得了流行的機會，不合理的簡體字乃可減少。則對優美漢字的保存，中國文化的保護，似也不無一點作用了。

接着就又談到詩本身的問題上去了。大陸在去年一年，爲「朦朧詩」的問題迭有爭辯。

而支持「朦朧詩」的主將原來就是在座《詩探索》主編謝冕先生，在座而表達反對意見的則似以《文藝報》的劉錫誠爲代表，一時大家又爭得不亦樂乎。大陸這「朦朧詩」的爭論，略有點像臺灣在一九五八、五九年現代詩方發生時所引起的批評。當時有些人覺得現代詩已弄得太叫人看不懂了，提出很多反對意見，而寫現代詩的人則出來申辯保衞。但大陸現在所謂的「朦朧詩」，比起臺灣卽使是五十年代的現代詩來，實在還一點都不算什麼「朦朧」，只是比以往流行的大量的「一目了然」的詩要含蓄一些而已。但一個文藝上的潮流既已興起，當其「方興未艾」，正在「上升時期」時，則一切的反對勢必徒勞。臺灣當年對現代詩的批評就是如此，一直到進入七十年代初期，一些自已寫過現代詩的人，充分瞭解了它的缺點與局限而出來批評反對後，才終於改變了風氣。臺灣現在所謂的「鄉土文學」(現實主義文學)也是如此，它正當「方興未艾」的「上升時期」，正吸引了很多才智之士在致力於斯，則任何反對壓制都是徒勞的。而等再過十年之後，當它流行既久，漸成俗套，大部分的讀者甚至包括作者在內都開始對它倦厭起來的時候，則勢必又會有新的潮流出現，到那時則恐怕再要保衞支持它也將成爲徒勞。今大陸的「朦朧詩」既在大量讀者及新生代的青年作者都已紛紛倦厭於長期流行的「一目了然」的詩風之後興起，則它勢將取得勝利而有相當一段時間的盛行，亦殆可斷言。

八、雍和宮與孔廟

又次日，十一月十三日。聽人說北京的雍和宮甚有特色，值得一遊，而一般初來北京的人往往不大知道。它對面不遠則是孔廟，我亦有意一觀。遂自行搭公共汽車前往。

雍和宮是一所喇嘛廟，它始建於清康熙三十三年（一六九四），原初爲雍親王府，至乾隆九年（一七四四）而改建爲喇嘛廟。現在裝修煥然一新。其正殿中供釋迦牟尼佛、燃燈佛與彌勒佛三像。左右兩邊的藥師殿及數學殿中則均供喇嘛教的改革者宗喀巴大師銅像。其最有特色的地方則有兩項，一是在其後殿萬福閣中的一尊高達十八公尺的木雕佛像，是用整株檀香木雕刻而成。恐怕是全世界最大的木刻雕像了。殿門並不高，入門只見一雙大足，然後要把頭抬到兩眼朝天才能瞻仰到佛像的頭部。看來是先把整株木頭立好之後才把屋子加蓋起來的，實在極爲壯觀。雕像本身也甚爲莊嚴，尤其值得注意的是其人體各部的比例相當正確。中國歷代雕刻及人物畫中的人體比例大多有一個共同的大錯誤，就是把腰部當作整個人高之半，以致於兩腿莫不變得太短，即使做得再巨大，給人的感覺仍然是矮冬瓜。而這一巨像則比例相當正確，岸然而立，崇偉無比。第二項特色是寺中所供的歡喜佛，爲其他佛寺所無。歡喜佛在東配殿。東、西配殿內各有五尊形象奇特的雕像，均人身而頭部則爲不同的怪獸，有的有很多隻手。歡喜佛在東配殿之中座，稱爲大威德金剛，具有怪獸的頭及六隻手，抱裸女而立，裸女面對金剛，兩女抱住金剛的上身，兩腿則抬起鈎抱於金剛背上。金剛這一立姿的做愛方式，實亦非常人所能矣。另外一間邊殿中還有一尊較小的銅製的歡喜佛像，佛像爲人面，亦採同樣姿式。另有一尊吉祥天母像，有裸女立於其旁。還有幾尊銅製佛像則佛本身就是胸部豐滿的裸女。是則喇嘛廟與其他佛寺固自大不相同了。

孔廟在雍和宮對面巷中不遠。巷口左邊有一家小店，寫着是回民食堂，我想應該有點牛羊肉類吧，遂入內午餐。不料沒有任何肉類，沒有任何葷菜。只有素川丸子。

餐後，走入孔廟。但見大殿新近已油漆過了，但門扉緊閉，不得入殿。左右兩廡則都已改作他用。左廡改成了李大釗紀念館，眞有點非夷所思。李大釗固然可以紀念，尤其是在中共的立場，他是主要創黨人，自應紀念。但既如此，難道他不應該有一所自己單獨的紀念館嗎？難道是因爲他曾是「五四」時期的批孔健將，所以特別要放在孔廟裏嗎？這也把李大釗看得太小了，李大釗的主要「功績」總不能說就是批判孔子而已吧？而今孔廟正殿既已修復，則獨置李大釗於廡下，豈非變成獨有李大釗入祀孔廟了嗎？事之荒謬，實不可思議矣。

孔廟右廡則改成了北京市史跡館。其中歷史人物之置有個人畫像者，計有：郭守敬、關漢卿、明成祖、于謙、李自成、李贄與曹雪芹。北京古爲燕京，元建大都。則在政治人物中燕昭王、元世祖及淸康熙帝應該都有畫像的資格。生長北京的十三世紀傑出政治家兼詩人的耶律楚材也値得紀念而應有其畫像。至於文天祥，雖非北京人，而在此成仁就義，他與岳飛同爲中國愛國主義的代表人物，亦又何嘗不可畫像於此呢？而李自成，不管對他的評價如何，他對北京城總是談不上貢獻。要掛他的畫像也應該掛到他家鄉米脂去，放在裏面實在感到非常的不協調。明成祖則是中國歷史上最殘暴的暴君之一，雖與北京城關係較深，實在也沒有掛他的必要，否則，元明淸的絕大部分帝王不是個個都可以掛起來嗎？掛明成祖與李自成，而不掛耶律楚材與文天祥，這是否也透露着什麼意義呢？也許，總有一天要改過來的吧！

九、萬里長城萬里長

又次日，十一月十四日。天氣仍然十分晴明。嵩叔來，陪我同赴長城。

北京郊外的風景名勝，大多都在市區西北。長城在八達嶺，也是這一方位。這長城實際只是一小段。要再西北而行，經官廳水庫，抵張家口，才有眞正連綿不絕的長城。但這裏的長城，瀰望所及，仍是無盡的蜿延着，所以氣勢仍極雄壯。

從市區西北行一小時餘，平曠既盡，抵居庸關。居庸關在古代是北京西北面的第一雄關。關處峽谷之中，右爲谿谷，谿卽源自八達嶺而流入沙河。谿谷右側有鐵路，可通外蒙古。關很厚，但並不高，關門上面的樓堡也已無蹤跡。關外山岳連綿。出關之後就算是進入了「塞上」。所以自古對出居庸關之行是很重視的。

出關後約再行二十餘分鐘，卽抵八達嶺。八達嶺一帶卽古之上谷，東接漁陽，西界代郡，自古爲英雄用武之地。長城口在兩峰之間，汽車可直抵城下，城牆高大寬廣。上城後可從城牆上分別攀登兩邊峰頂。當日遊客甚多，但見每個人一登上長城，莫不十分興奮。「不到長城非好漢」！既登長城，已是好漢，終於完成了生平一大壯舉，怎能不興奮呢？城北端的山峰較近而又較高，由登城處上北峰，共歷三座城堡，最後一程非常的陡峻。一般遊客登長城，也就是登臨這一段歷程。

登上長城，走在長城上。望長城內外，正是「塞草黃沙，天風蕩蕩」。向外望，但見一片無盡的丘陵與黃草；向內望，則層峰疊嶂，烟靄蒼茫，巨龍般的長城無盡無止的蟠臥在峯嶺上。不期然眞有一種想要躍馬驅馳的衝動。這整個的氣勢，非身歷其境，實在難以體會。這與登上一座一般的高山而遠眺的感覺又不一樣，只覺自然而然的令人興「壯心不已」之感。不覺好像這民族悠遠綿長的生命，這百萬里廣大的河山，一下子都在血管裏跳動了起來……

我於一九七七年曾作《夢登長城吟》一首。今日親臨此地，詩中所述，乃完全得到了印證。詩曰：

千山萬水此登臨，獵獵天風金鐵鳴。
北瞻瀚漠峯如海，南望中原氣象森。
塞草黄沙千載意，振衣長嘯老龍吟。
秦皇莫道功名烈，直欲揮鞭下庫倫！

夫外蒙不復，則中國終不得謂之統一。外蒙不復，則中華民族之處境亦終不得安全。則長城北望，又豈僅當感慨而已耶！

一九八二年三月廿六——四月六日
於美國柏克萊加州大學

東嶽紀行

一、走向泰山

踏上電動樓梯，走入北京站的月臺，一列潔淨的南下列車已在等待着出發。車廂分「軟臥」與「硬臥」兩等，「軟臥」是一小間一小間的，每間有門可以關起來。裏面分置兩張雙疊的沙法床，床頭有燈，臨窗有舖着桌布的小桌，置有熱水瓶與茶具。窗上有窗簾。相當清雅。在幾節軟臥的車廂裏前後走了一下，見每間大致都只坐兩個乘客。這樣寬敞的列車，國外倒已很少了。我在意大利和法國還乘到過類似的車廂，在美國和日本的火車則似已不再有這樣的設備。「硬臥」則是三層的疊床，統艙式的，每列車廂不再分間。設備差很多，相當擠迫。

陪伴人員小顏，是前幾天到機場接我的三人之一，今天才又見到。小顏三十六歲，白淨面皮，儀態不壞。後來交談之下，知他原是高幹子弟，其父母在「文革」時遭迫害而死，他自己則也被下放農村好幾年。他在「文革」開始前讀了一年大學，所以自認有大學程度。交談有頃，小顏問道：「我們本來知道你是很愛國的，可是，聽說你這次來之前，在美國還要向我們領事館提抗議，這……這可是不好啊」，我說：「我這次從臺灣到美國後，在加州大學中國研究中心爲研究員，中心的主任就建議我找機會來中國（大陸）找點資料，而我本來對祖國山河也嚮往已久，我認爲中國本來是我的土地，我本該隨時可以來。何況你們不是宣稱歡迎臺灣同胞來訪，保證來去自由嗎？而領事館起先却一直拖延不肯發出『入境旅行證』，那我當然要抗議呀！」小顏說：「抗議這種事，在美國可能無所謂，在我們這裏可是很嚴重的哦！那你在北京時候怎麼也不說明一下呢？你這樣……」接着他就又說：「你這脾氣就使我想起我母親。她也是這樣，越是對官越不賣帳。結果，還不是自己吃虧。」

這時，車上的服務員來詢問午餐要怎麼辦？原來午餐的價格也是要按身份而劃分等級。小顏說：「這位是臺灣同胞，按臺灣同胞的價格吧。」臺灣同胞是什麼價格呢？却還沒有規定出來。結果就按外籍華僑與港澳同胞之間的折衷價格計算。所以，價格的高下就是：外國人第一級，外籍華僑第二級，臺灣同胞第三級，港澳同胞第四級，大陸同胞第五級。不同的身份就有不同的價格。眞正是「身價有別」。

車過天津，並未路過市區，只見到打掃得很乾淨的月臺，然後一路都是平原田野，這是十一月的深秋，田裏沒什麼東西。也看不見什麼人家的屋子。到入山東省境，天已黑了下來，以致渡越黃河時，窗外只見漆黑一片。待到泰安，已有大約九點鐘光景了。

泰安就是我們今天的目的地。走下月臺，有當地接待人員兩人前來迎接，兩人都是很樸實的山東老鄉。汽車開不遠，就到了泰安賓館。一路街道還很寬廣，而且有行道樹，路燈也蠻亮的，路邊房子也還可以。本來以爲泰安這地方是窮鄉僻野，一眼看來却比想像中來得好。後來白天走了走，覺得有點像二十年前宜蘭的面貌。泰山賓館的建築則更有一種似曾相識的親切感。爲什麼呢？想來想去，我發覺它的式樣與建材都與臺灣的「救國團」在各縣市的有些「活動中心」頗有相似之處。

次日，十一月十六，天氣十分晴明，正是登山的好天氣。晨起，走到門口一看，原來泰山賓館就在泰山之麓，擡頭望泰山，但覺很像從臺北望七星山及大屯山的樣子。實際上，泰山比七星山是要高一些：七星山一千一百二十公尺，泰山是一千五百四十五公尺。但我後來又知道賓館那地方已有海拔二百十公尺，而臺北地面則不過海拔十數公尺。所以臺北望七星山與泰安與泰山，看起來差不多高，這感覺並沒有錯。而泰山之傲來峯在玉皇頂之西側而略矮，往西則側入平地，與大屯山在七星山之西側而略矮，往西則側入平地，亦形勢相似。

早餐後，主持接待的黃主任特別爲我作了一個關於泰安地區的簡報。

原來所謂泰安地區，共包括八個縣，總面積是一萬零八百平方公里，人口六百五十二萬。所以，約有將近三分之一個臺灣那麼大，而人口則比臺灣的三分之一略多些。這裏則又稱泰城，是泰安地區的行政中心，也是文化中心，人二十二萬，設有山東農學院、山東礦業學院、泰山醫學院和泰安師專等四所大專院校，另有八所中級專科學校，四所普通中學和三十所小學。醫院、療養院、休養所共有十四所。戲院有三家，大大小小的各類工廠有一百零二所之多。除一般農作物之外，蘋果是這裏的特產，另外，肥城的水蜜桃與平陰的玫瑰，也是泰安地區著名的產物。而著名於世的，除了五嶽之首的東嶽泰山之外，中國文化最古遺址之一的大汶口，原來也就在郊外不遠。

大汶口的遺址，也就是所謂「大汶口文化」得名之所自。「大汶口文化」在地層上是疊壓在「龍山文化」層的下面，其時代經鑑定當西元前四千二百年至西元前二千年之間。從它的遺跡則可知那時已有農業。古史稱神農氏起於歷山，都於曲阜。歷山與曲阜距大汶口都不過數十公里而已。舊史把神農氏之時代定在西元前三千一百年。而西元四千二百年至前二千年的折中點，正好是前三千一百年。是則「大汶口文化」與神農氏正好完全相合。或者把神農氏時代的起始上推到西元前四千二百年，應該也是適當的。泰山巖巖，汶水湯湯，這裏原來正是中華民族最古老的故鄉啊！

二、道路的起點

走出泰山賓館，就是登泰山道路的起點，有石坊曰「岱宗坊」。從「岱宗坊」到開始上山的石階，還有大約數百公尺的平坦柏油路，從「岱宗坊」向外行的道路另一頭則是規模頗大的岱廟，古時皇帝到泰山行封禪，必走到岱廟致祭，而後上山。我們現在的行程則是先去登山，待下山後再去參觀岱廟。我們是三個人，除了我和小顏外，還有一位當地的登山導遊老侯。老侯的樣子很像臺灣的軍中老士官模樣，但對泰山各處的名勝典故却是弄得很熟，對於杜甫《望嶽》等有關泰山的名詩也頗能背幾句，一路琅琅上口，頗不寂寞。

到達石階前的這段路上，兩邊有一些農家。我走入牆院看了看，看到養了一些鷄，還有種了花來賣的，也有幾家停放着脚踏車。老侯說：「是近三年經濟政策改變，准許農民有自留地後，農民生活才變好了。在四人幫打倒之前，可哪裏還能種花養鷄哦！」我說：「可不是？所以『耕者有其田』還是正確的嘛。只有讓農民獲得他自己土地的經營權和得到他自己耕種的收獲物，才能發揮農民的積極性，增加生產，改善他們的生活，政府只應該站在技術輔導的地位；只有一部分必要的事情才實行合作化；而基本上要以『耕者有其田』爲出發點。」

小顏說：「中國農民那麼多，都要每人有其田，行嗎？」我說：「臺灣的人口密度比大陸還要大得多，(中國大陸每方公里約一百零四人，臺灣每平方公里五百人，將近五倍)而實行『耕者有其田』却並無問題。臺灣的精華有三樣：一是民主運動，二是企業經營的方法，三是耕者有其田。昨天在火車上我們聽到收音機裏唱臺灣的流行歌曲，學臺灣就學這個嗎？要學就該學它的精華。至於說到怕因人多分到耕地太小，則對於超過農耕所需的農村多餘勞動力，應該要爲他們另外安排出路，政府應該作這方面的輔助安排。對他們出路的安排，就是要發展工商業，開拓對外貿易。再說，很多邊遠地區不是還有大量的土地沒有開墾嗎？現在大家不願去，但是，如果規定誰開墾的就把那片地給他，你說有沒有很多人會願意去？」

小顏說：「這樣的話當然有很多人要去了。可是，這還得了？這不是整個打破了土地國有制度了嗎？」

我說：「其實這也是容易變通的。可不可以名義上仍然由國家保有土地所有權，而實際上給他終生的完整的經營使用權？並獲得開墾耕作的充分利潤。等到他死後，就由國家交給願意繼續耕作的人使用。對每個開拓者，國家還要給他一定的紀念。這樣，還是有很多人願意去吧？」小顏想了想說：「噯，這倒是個新鮮主意。」

談談說說，不禁早已走到了上山的石階。這開始上山的地方毫不起眼，覺得很像從臺北木柵上仙公廟的磴道的起點。我正在想從岱廟到登山石階這一大片地何以如此空蕩蕩呢？及翻開介紹泰山的小册子，才知從岱宗坊北到登山石階，南到岱廟的這數里寬廣的平地上，原來本有無數宏偉的古建築，鱗次櫛比的矗立着。其在岱宗坊之南的道路兩邊，原有鳳凰臺、酆都廟和體元堂等，酆都廟祀酆都大帝及十殿閻王，體元堂曾爲乾隆皇帝的行宮，可以想像其規模。自岱宗坊向山而行，則我所住的賓館這塊地，原來建有三皇廟，內祀伏羲、神農與黃帝。在現在是農家及若干辦公廳的這一大片平地上，原來有朝元觀、玉皇閣、北斗殿、人祖殿（祀秦始皇），金龍四大王廟（祀南宋殉國烈士謝緒），青帝觀（祀太昊），后土殿、岱嶽觀（爲東嶽之中廟，現在的岱廟爲下廟）、群玉庵及呂祖殿等，莫不美輪美奐，宏麗絕倫。而今除群玉庵尙存部分外，均已完全蕩然無踪！它們究竟是在什麼時候毀滅的呢？除知鳳凰臺在淸初已圮外，老侯大都支吾其詞的欲語還休。但悉至少有相當部份是在文革初期以「破四舊」之名而被摧毀。呂祖殿的七仙塑像是中國有數的雕塑傑作，也在文革時被紅衞兵打爛。還有一部分廟宇則在中共建政後到文革前已被陸續拆掉了一些。其後我旅遊他地也莫不得知古跡、雕塑紛紛都在文革時被毁。則文革對中國文化遺產的破壞，實可說是自秦始皇焚天下圖書以來的空前浩刼！昔項羽焚咸陽、董卓焚洛陽、金兵毁汴梁，固然都徹底毁滅了一代首都，爲禍至鉅，然而還沒有全國各地被搗毁。秦始皇焚天下圖書，尚未及於藝術。梁元帝焚其所藏書籍二十四萬卷，未能焚他人所藏之書。唐武宗會昌滅佛，詔毁天下佛寺，尚未破壞其他文化古跡。八國聯軍燒圓明園，刼掠文物無數，蹂躪亦尚限於一地，搶去的文物也還好好保存在各國的博物館裏。而文革之亂，其對於文化，旣全面迫害知識分子，又全面焚燒私人藏書，復全面破壞全國各地的藝術及建築遺產，則其爲禍之鉅，實在是空前無比。思之眞令人無限痛心！只憑這一點，毛江諸人就已罪大惡極。這種令人痛憤的感覺，凡沒有親自來探訪古跡的人恐怕還難以深切的體會。則對大陸上親身受到迫害的人民，其體會自然又更要深切得多了。然而，分析文革烈焰的興起，則當時嚴重的官僚主義與若干霸踞學壇尸位素餐的學閥，當也是引起青年憤怒以致接受文革煽動的助因，則這一類的官僚與學閥，也不能完全免於分擔禍國的罪責吧！

三、登山道上

登上石階行不遠，卽到「一天門」石坊，石坊形式很樸實，並不高大，有漢闕的風味。坊額字跡是用楷書，淺淺的刻了一下，然後塡以朱紅色。泰山各石坊莫不如此。這種字體，我感覺不很協調。我想像應該用隸書或魏碑體，與其建築風格才更能相配。「一天門」後緊接着還有兩個石坊，分別是「孔子登臨處」與「天階」（均建於明代中葉），相隔都不過二十來步。老侯似乎還受到一點文革時批孔的殘餘影響，走到「孔子登臨處」前，就說「孔子當年走到這裏就已走不動啦，所以牌坊立在這裏。」其實當然不是這樣。孔子云「登泰山而小天下」，在這裏才上山起步未遠，根本什麼都還看不見，怎麼可能只登到這裏呢？入「天階」坊後緊接着就是紅門宮。乃因附近山崖上有兩塊紅石狀如門扉而得名。宮中原祀碧霞元君神像（據「道經」，凡人成仙者男稱眞人，女稱元君），已在文革時被紅衞兵打毀。

復前行，有萬仙樓，是像城門樣的，樓在門洞之上，外觀很優美。這樓一般遊客都不上來，老侯也說：「沒什麼好看啦，別上去啦」，結果我搶身而上，乃見內部已完全被摧毀，而且還有人放了舖蓋在裏面，顯然已被佔爲寄身之所，弄得十分之髒，像乞丐窩似的，令人長歎。

自此再向前行不遠，抵斗母宮。宮前有明代古槐，稱「臥龍槐」，確實夭矯如龍，世所罕見。現在已用鐵欄圍起來加以保護。斗母宮院落有三進，看來本是一個非常清幽雅緻的地方。但現在每棟殿內都已被紅衞兵打得空空蕩蕩，只有一間殿內有一座神像因爲是銅鑄的，而且很大很重，所以還沒被打壞。但也只是單單一座像而已，其他臺几、藻飾、燭案等各種室內物品一應俱無。有一位老尼姑坐在神像近旁，經交談，知她自幼出家，文革時也被驅逐下山，現在剛又把她找回來了。

復上行，抵壺天閣。也是樓在門洞之上，樓中當然也是空無一物。一路到這裏，都是在夾谷中逐漸上行，及穿過壺天閣，出現了一段較陡的坡，稱爲迴馬嶺。原來古時如果騎馬來遊，到此馬就不能再上了。上了迴馬嶺，山勢忽然開朗，遙處山巒之上可見亭臺樓閣，紅綠相映，秋林黃葉，倍增意趣。原來那就是「中天門」了。

行近「中天門」，景色十分秀麗，它東倚中溪山，西傍鳳凰嶺，氣勢奇峻。此處原有龍王廟及二虎廟，現在亦被拆掉，而就其原址改建了賓館及餐廳，遠處所見，就是這賓館。幸好設計得相當優美，朱瓦碧欄，飛簷迴廊，頗不負青山美景。賓館右側是「中天門」石坊，自此向右展望，可以看到山下廣大的平地，遠村平蕪，汶河如帶，令人頓感心胸曠逸。而向上看則南天門也已在望中，但見奇峰峻嶺，高聳入雲，頂端則南天門如一粒瑪瑙般的嵌在無盡的藍空中。可以說，一直到這裏，才算是見到了泰山的面目。我在開始上山時對小顏說：「泰山好像也不過如此！」小顏笑道：「慢來，可別『有眼不識泰山』啊！」及至上到這裏，才發現它確實有大山的氣派。我這才體會到正因爲它遠看平凡，要待深入探索，才能知其峻偉，所以才有「有眼不識泰山」這句話吧！一些眞正偉大的人物與偉大的作品不往往也是這樣嗎：——貌似平淡而內實深厚：孔孟的嘉言、陶淵明的詩、孫中山的三民主義講稿，就都是最好的例證。

邁下「中天門」，有一段平路，稱爲「快活三里」，走完它後就是陡坡了。雲步橋是其轉折點。一座高拱的石橋橫跨山澗，橋下水花四濺，如珠如玉的噴灑着。泉間一塊大石上有幾個鑿痕，說是宋眞宗來上泰山時，爲欣賞雲步橋的月色泉聲，曾令人鑿穴支帳而在此露營。歷代帝王中有此雅趣者倒也少見。

過了雲步橋，就開始了長距離的陡峻石階，卽所謂「十八盤」是也。上數十級，卽抵五松亭，就是秦始皇當年避雨之處。這裏有三棵枝幹橫伸、風貌獨特的松樹，雖然仍習稱之爲「秦松」，其實已不是秦始皇所封爲「五大夫」的那幾棵了。原來的秦松在明萬歷年間因泰山發大水而失，相傳「化龍而去」云。現在這三株，乃淸雍正年間由負責整修泰山的丁皂保所補植，不過二百五十餘歲，所以看起來還充滿了青春的氣息。

過「五大夫松」後又有迎客松，枝柯橫斜而出，姿態奇逸。隨卽見到路對面的對松山，路左側有對松亭。一般記載都說對松山松林如海，但我看過去却是相當疏朗，大多衰草黃岩，有樹的地方並不很多。不知究竟是在什麼時候遭了什麼刼才變成這樣。

旣過對松山，「昇仙坊」在望。「昇仙坊」卽是直上「南天門」的長程陡峻「天梯」的起點。這是上泰山最艱辛的一段。自此仰望南天門，確實有仰之彌高，如欲攀登天宇之感。晉代陸機的《泰山吟》云：「泰山一何高，迢迢造天庭！」這兩句詩，是只有在「昇仙坊」仰望「南天門」時才有可能脫口而出的句子！這景象旣沒有其他詩句可以替代得了，而在泰山，則也再沒有其他處所能當上它的頌歎。再仔細觀看這一景色，路是在兩峯凹折處直上頂端，路兩側兩峯都是峋嶙的岩石構成，成紫赭色，而南天門則正是整個景的靈魂。設若頂端沒有南天門這一建築，整個頂就會立刻失去它的重心，而也就會不容易襯出它的高度來。正因爲朱紅色的城樓似的南天門遙遙矗立在頂端，人們旣可感到它是一座城垜般相當大的建築，而望過去又明明是這樣渺小，才顯出了它是竟如在另一個世界般的遙遠，而達到了「迢迢造天庭」的感受。

「我們還要走一段相當長的艱難的路——三個『十八盤』，要爬過這一段路，才能到達『南天門』。由『南天門』再往前，就可以比較順利地向着最高峯『玉皇頂』挺進了，到了那裏就好比我們實現了社會主義現代化建設的宏偉任務。」這是中共主席胡耀邦先生在去年七月所發表的一段有趣的「名言」。現在我親身來登泰山，用親身「實踐」來「檢驗」了一下，才知道上到「中天門」是非常容易的，難就難在「中天門」到「南天門」這一段。可見中國現代化的路程實在還相當遙遠！不過我想現在應該已經又走上了一點點，正如天安門詩句所說：「秦始皇的時代已經一去不復返了」，今天任何人想要再做「毛二世」已絕無可能，那麼，現在應該已越過了秦始皇的五松亭了吧？

但縱觀胡耀邦的那講話，我覺得他自己的處境也還是很艱困的：既主張要突破教條，却又要說「馬列主義毛澤東思想」是什麼「傳家寶」。事實上，如果一個挑擔出身的苦力，既已成了現代工廠的機器工人，那麼，儘管當年那根扁擔是「傳家寶」吧，也只能把它收到倉庫裏去，而絕不能再用那根扁擔來「推進」機器的，這不是很明顯的道理嗎？我深願以胡耀邦爲代表的中共開明派幹部們能多體會體會這一點。任何一個中國人，首先必須是一個中國人，然後，才是一個什麼黨員或其他，如果拋棄過時的或虛幻的主義才能救國，就必須毅然拋棄那過時的或虛幻的主義。歷史包袱絕不等於傳家寶。毛澤東曾强調要：「一萬年太久，只爭朝夕！」而結果朝夕爭到了沒有呢？非但沒有，還跌斷了腿。所以這就反過來說明了共產主義這東西，還是要再過九千九百九十年之後才談得到吧？那麼，一個共產黨員，要一輩子做着與最終理想渺不相及的工作，還有比這更尷尬的身份嗎？然則，對於中共來講，最好的出路與最需要拋棄的包袱，可能，首先就是它的黨名吧：改成「中國社會勞動黨」或什麼其他名字，該都要比現在這樣子來得能够免於窘迫。名正則言順，言順則事成，抛掉了這虛幻的名稱的包袱，就自然可以身手矯健的較快的登上「南天門」了。

這時，老侯把我隨身的行李包接了過去，我也就步履輕盈的一口登氣到了「南天門」之內。自山脚至「南天門」，蹬道共七千級有零。

四、岱頂風雲

一上到南天門，情況立刻不同。但覺寒風大作，凛冽無比，雲霧瀰漫，一片茫茫。這時天已昏暗，旣入門，風雪交加，完全是另一個世界。原來北面吹來的風，都被山峯所擋，所以從南面登山時一路一點風也沒有，上得南天門，則已近岱頂，再無阻擋，所以自然完全不同。杜甫所謂：「盪胸生層雲」，「陰陽割昏曉」，原來正是此處的實況。

摸黑踏着冰雪，奔行約十分鐘，到達岱頂賓館，手脚已有凍僵之勢。岱頂賓館不知是否什麼寺院改建的，未能詳詢。姚鼐《登泰山記》云：「皇帝行宮在碧霞元君祠東」，碧霞元君祠在南天門後面，岱頂賓館正在其東北，另外似未見他房屋，但賓館屋舍甚簡陋，則或卽据行宮舊址重建亦未可知。有一間很大的餐廳，魚肉菜蔬都能很豐盛的做出來。這些食品，都是由挑夫從山下一步步挑上來的，眞是「一粥一飯，當思來處不易。」

晚餐後，風雪愈甚，穿上很厚的棉大衣，仍覺冷不可當。房間內亦極冷，又無爐子。似感比我以前有一年多天去登臺灣最高峯，比泰山高一倍多的玉山，而後宿於玉山山莊時還要冷些。講到玉山，其景色與泰山是完全不同。登泰山最後一段雖然陡峻，但全程全部都是砌得很寬敞的石版梯階，是很好走的。登玉山則羊腸小道，斷崖絕壁，或棧道臨空，或攀藤附葛，其驚險的程度不是泰山所能比的。故玉山是以蒼莽的原始景象見勝，而泰山則以其深厚的歷史文化感見勝。史地學家張其昀先生曾欲立「新五嶽」，而以玉山爲東嶽，就其高度（玉山高三九九七公尺，秦嶺太白山以東無出其右者）及自然景色奇偉言，玉山確有資格。但泰山那自神農氏以降卽爲歷代封禪之聖地，又爲孔子、李白、杜甫之所登臨歌頌，而成爲中國歷史之象徵的那種深厚的文化意義，却絕不是玉山所能望其項背的了。

次日一早，天還極黑之時，老侯就來叫醒我們了。冒着嚴寒，黑暗裏跌跌撞撞的趕上日觀峯，見前方人影幢幢，原來已有很多人早已趕到。剛在崖上立定，但見遠方雲線後一輪紅日已躍然而出，成扁圓狀，頓時霞光滿天，近方山頭盡染紅暈。但感雖然仍在寒冷的空氣中，而忽已光明在望，一種希望與溫暖業已奔馳而來，黑暗迅將消退，嚴寒終必散除。一道從神經末梢直透腦髓的感動，使我不禁肅立的默禱着泰山的精魂終將爲神州大地帶來舉世矚目的普照的光明！

有人說在泰山看日出，見到太陽從遠方海平線上升起來。這是不對的，泰山東距海岸還有近三百公里之遙，所以絕不可能見到海平線。但轉身西望，可以見到黃河，則是事實。在日觀峯西不遠，岩石上行數百步，卽抵泰山極頂玉皇頂，有殿三間，東面一間稱觀日亭，西面一間卽稱爲望河亭。李白《遊泰山》詩云：「黃河從西來，窈窕入遠山。」展望遠方，晨靄中只見黃河如金龍般的蜿蜒着，閃閃着微茫的鱗光，像是呼喚着：「龍的傳人啊，龍的傳人啊……」。

既登極頂，就開始往回走。從岱頂賓館出來時天尚極黑，現在則可看到晨光撫照下的全景，但見陽光逐一的照亮了一座一座的山峯，不猶得升起一種十分喜悅之感。王陽明《登泰山》詩云：「陽光散巖壑，秋容淡相輝」，正是這樣的詩意。

岱頂最宏偉美麗的建築是南天門內不遠的碧霞祠。建於宋眞宗年間（西元一〇一〇年前後），代有整修，現在的建築是淸乾隆初年（一七四〇年）所重建。現也正搭着棚架在重新油漆。祠有前後兩院，其正殿五間的重檐八角、蓋瓦，鴟吻等均爲銅製，左右配殿各三間的蓋瓦則均爲鐵冶，甚有特色。正殿中所供碧霞元君銅像，爲明代所鑄，現尚具在，是一個端莊秀麗的少女的形象。碧霞元君是泰山女神，俗稱「泰山奶奶」，而其像却是個少女。她的來歷說法甚多，一說是宋眞宗來泰山封禪時發現一玉女石像而建祠，一說秦始皇來封禪時卽會「出玉女於岱宗之巔」，就開始祀奉。老侯則說這是原始公社時期女權社會中一個對人民作了好事的女傑，受到歷代人民的懷念而被尊爲泰山女神的。亦可聊備一說。

在碧霞祠東面山崖上，有不少年代悠久的刻石。其中「唐摩崖」是唐玄宗於開元十三年到泰山封禪時所親撰，於次年（七二六）刻成，距今已一千二百五十餘年。全文連題目「紀泰山銘」四字正好是一千個字。高十三餘公尺，氣勢雄偉，莊嚴肅穆，最爲珍貴。

回到南天門，俯視攀登的道路，但見身臨千仞，無盡的晴空襯托着無窮的石階通向無可估計的深藪……。南天門兩側的門聯云：「門闢九霄，仰步三天勝迹；階崇萬級，俯臨千嶂奇觀。」確實寫出了這裏的氣概。凝望着，凝望着，不禁恍感身在仙山，直欲羽化而振翅，翱翔在祖國無垠的天際……。

五、泰麓勝景

自南天門抵中天門後，有新開的汽車道，從西路下山。途中有黑龍潭，爲一勝景。潭在山峪之間，上面懸崖百丈，崖端有一拱橋——長壽橋，建造美觀，宛若長虹。崖上有瀑布，下注潭中，以時當深秋初冬之交，水勢甚少。老侯說到夏天可就好看了，將有千萬銀柱自百丈崖直躍而下，傾瀉潭中，有「疑是銀河落九天」之概云。

返抵山下的賓館，已是中午。山下應遊之處尚有岱廟，普照寺，與王母池等，逐分別於是日下午及次日下午前往。

岱廟規模宏大，是古帝王來泰山封禪告祭時擧行大典的地方。史稱：「秦既作時，漢亦起宮」，就是說在秦代已作爲告祭天地的基址，到漢代就有了建築。現存建築的主殿「天貺殿」則還是宋眞宗時所建，已歷九百七十餘年，歷代都進行過維修。但自民國以來，却迭受破壞：整個岱廟，在北伐期間曾被孫良誠部隊充作兵營，天貺殿被當作馬廐，在珍貴無比的宋代壁畫上鑿孔打眼，設置馬槽。北伐後的山東省政府，又把岱廟的前半部設爲市場，唐宋塑像皆毁。天貺殿被改爲「大會場」，內設戲臺，壁畫又部分遭到了破壞。到文革時期，「破四舊」的紅衞兵也沒放過它，它的二門被拆掉而改建成一座有點像軍營的大門樣的水泥門，前殿的兩側則造了兩間不倫不類的水泥廂房，現在則把這兩間水泥廂房作售賣紀念品的地方，眞使人哭笑不得。還好主殿「天貺殿」現已維修完整，其中宋代壁畫「啓蹕回鑾圖」除有幾個角落損壞外，基本上還富麗輝煌的躍動在來賓的眼前。這圖在宋眞宗造天貺殿時就畫起來了，高三點三公尺，長達六十二公尺，環繞左、後、右三面牆壁。東爲「啓蹕圖」，西爲「回鑾圖」，分別是描寫泰山神「東嶽大帝」出巡與返回時的浩大場面，畫面上共有人物六百七十二個，形態各異，莫不栩栩如生。中國壁畫以唐爲盛，相傳吳道子一人就畫了三百多間，但不幸早已蕩然無存。除敦煌壁畫之外，現存地面建築中的壁畫，這「啓蹕回鑾圖」恐怕要算最古者之一了，眞是無比珍貴的文化遺產啊！

岱廟除天貺殿外還有很大的庭園，內有許多珍貴的古碑與古柏，最著名的爲李斯小篆刻石，乃西元前二〇九年秦丞相李斯奉秦二世之命所撰刻，距我到訪時已整整二千一百九十年，現尚剩十個字。此外，東漢的張遷碑、衡方碑，亦保存在此。宋徽宗宣和六年（西元一一二四年）所建的宣和碑則立在一隻大石龜上，高達九公尺餘，極爲雄偉。

植有古柏的這一區又稱漢柏院，內有漢柏唐槐。唐槐已枯，但枝幹形狀尙存。漢柏則依然健在，共五株，相傳爲漢武帝所植，已二千一百餘年矣，而老幹龍蟠，新枝繼長，蒼勁剛毅而依然葱鬱，恰似象徵着中華文化綿綿不絕的生機！

普照寺在岱廟西北的泰山山麓，寺前不遠有小溪潺潺流過，環境極爲淸幽。寺始建於六朝時代，唐代擴建，幾經兵燹，至金代重建，明代重修。前後三進，東院爲禪舍，西院有修林茂竹。在介紹泰山的小册子中，有人用「曲徑通幽處，禪房花木深」一聯詩句來形容它。不錯，它確實可以給人這種感覺，但現在既無僧侶主持，禪房也已不成其爲禪房，就不免給人一種蕭瑟蒼涼之感。前院的鐘鼓樓、主殿大雄寶殿及後進的摩松樓，均關閉不能進入。不過最美的該是它所擁有的幾株古樹。前院中一對油松，枝盤葉覆，交織若棚；一雙銀杏則挺立入空，勢如橫空翠屏，就已美不勝言。而後院的一株「六朝松」，樹身數抱，松相如蓋，枝柯盤旋曲屈，眞如龍飛鳳舞，直是美到不可思議。另旁院中還有一株「一品大夫松」，亦極盡迴旋秀逸之至。眞奇怪，這樣的松樹，好像也只有中國大陸才有，在臺灣和美國以至於日本，我當然也見到過很多松橫，却從來沒見到一株能彷彿其項背的。以前見到中國山水畫中許多姿態獨特的松樹，總不知其來何自，如今方知確爲中國所固有。「六朝松」前並有「篩月亭」，意思是每値皓月當空，銀輝透過古松交互的枝葉，流光投地，而斑點如篩，靜謐中似有聲可聞。用字可謂甚有妙趣。篩月亭中又有「五音石」，一塊大石頭，而叩其各處，會發出不同音階的聲響來，亦爲一絕。

王母池則在岱宗坊向上山石磴途中東拐不遠。紅牆環抱，翠柏掩映，本是一所道觀。其始建年代不可詳考，古稱「群玉庵」，唐代稱瑤池。現有前後兩院，門內有池，上有拱橋石欄。池西有泉，從石壁間出，名曰「王母泉」。據說泉水甘美無比，是以享名。但現在却鎖了起來。院內原供的神仙塑像，也都已被毀。其後殿就是呂祖殿，又名七眞殿，原有著名的七仙塑像，在文革時被砸爛，本文前已提到。整個建築則也同樣給人一種衆芳蕪穢的蒼涼之感。而更可痛心的是王母池近旁的溪谷，舊稱「小蓬萊」，原爲泰山山麓最幽麗之處，並有唐宋刻石甚多，而現在却造了一座虎山水庫，以致完全被葬入水底。虎山水庫並不大，比臺南近郊的虎頭埤還要小得多，也不深，實在容不了多少水。據所印的夏季照片，泳客站在水庫中央都還可以露出上半身，可見已淤淺到什麼程度。功用可說極爲有限。而乃必欲毀滅千餘年的名勝古跡來弄成這樣一個功用極小的水池子！臺灣的石門水庫，水量極大，然而已是害多利少，而且毀滅了石門峽谷原來極幽麗的勝景，使人十分痛心。而虎山水庫却是令人更痛心的「現代」的產物！

六、泰安座談

十一月十六日上午，訪問了泰安的兩所學校：山東農學院和泰安師專。

山東農學院是山東省屬的重點院校。該校初建於一九四八年九月，當時設於濟南，由山東省立農林專校、山東省立農學院及山東高農合併而成。到一九五二年，搞了一個全國高等院校大調整，很多原有的大專都在那次大調整中被合併或改組而告消失，所有的私立大專也都在那次「大調整」中宣告壽終。所以那次的大調整其實是中共全面控制高等院校及消滅私立院校的一招「殺手鐧」。在那次大調整中，該校又併入了山東大學農學院，齊魯大學農業專修科，南京大學園藝系與金陵大學園藝系。到一九五八年秋季起遷來泰安。

入校門後，有該校副校長丁巨波先生及其他教授數人前來迎入會客室。觀其校舍，感覺比臺灣以農學院爲主的中興大學要差些。丁副校長介紹了該校的概況：共有八系十一個專業，計爲農學系，植物保護系，土壤農化系，園藝系（果樹、蔬菜二專業）、林學系（林業、蠶桑二專業）、畜牧獸醫系（畜牧、獸醫二專業），農機系及農經系。其中有四個系招有研究生。學生共三千一百人，研究生一百人。教職員約達一千三百人，其中教授共六十人，講師有二百餘人，其他分爲教師、教員、助教等職稱。學校設有二個農場，一所農機廠，一所農藥廠和一所獸醫院。

丁副校長早年留學美國，在五十年代初就回大陸服務。到最近剛剛升爲副校長，說話甚爲謹愼。我說我對其他學系的情況無從請教起，但很想瞭解一下農經系讀些什麼課程？有沒有社會學？是怎樣的教材？如何講授？丁副校長却未能給我答覆。少頓，他笑道，「我們這裏是黨委領導下的校長制。」我說：「那麼你是不是黨員呢？」座中另一人說：「丁副校長是『民盟』的民主人士，」我說：「噢，那麼，請問梁漱溟先生身體還好嗎？」丁先生聽後好像不知我何以此一問？我說：「梁漱溟先生本來不是你們『民盟』的秘書長嗎？所以在此向您問候他老人家。」結果丁先生却有點茫然的說不知此事。我說：「梁先生是中國當代眞正的硬骨頭，風節皎然，我很欽佩。」接着我說：「丁副校長是民主黨派的，發展民主政黨甚爲重要。聽說以前，所謂的八個民主政黨，都不得在羣衆中發展黨員。近年風氣漸開，不知有可以突破的可能否？」丁先生想了想，很謙恭的笑着，說：「近年也增加了一些人了」，隨卽引導我參觀了標本陳列室，結束了訪問。

出農學院後，卽續赴泰安師專。迎入會議室，有校長及中文系主任楊先生等教師約二十人座談。泰安師專於一九五八年建校，到一九六二年起停辦了多年，一九七三年才又恢復。設有中文、政治歷史、英語、數學、物理、化學，美術、體育八系。其中中文、政治歷史、數學三系是三年，其他五系只讀兩年。學生畢業後擔任初中老師。共有學生九百餘人，教職員共三百人左右，其中教員一百四十人。

及入會議室，見馬恩列斯四像仍掛在牆上。我在《燕京散記》中曾提到北京街頭的這四像已拆掉了。現在這一看裏仍掛着，不禁頓覺甚有感觸。就指着那四個像說：「這四個像北京已不掛了，你們怎麼還掛着？」大家尚未說話，從北京陪我來的小顏忽然不甘寂寞的說：「佛教還不是掛佛像。這是祖宗嘛，有何不可掛？」我實在想不到他會說出這樣的話來，就再也顧不得跟他客氣，大聲的責問他：「祖宗不是堯舜禹湯嗎？你成了那一國的人了？而山東也不是別地，正是中華民族的主要發祥地。自古以來，代有賢豪。旣是孔子孟子的故里，也是伊尹管仲的家鄉。今山東師範學校不掛伊、管、孔、孟，却要掛馬恩列斯。吾不知其可也！」隨卽我轉而問那位擔任中文系主任的楊先生：「楊主任，你在山東的師範擔任中文系主任，敢請教中國歷史上最傑出的教育家有些誰呢？」楊主任却苦笑着吞吐其辭的說不出話來。我就笑道：「恐怕總還少不得有個孔子吧？」

這時，一位中文系老師李華女士站起來說：「高先生是愛國詩人，我們早已久仰了。高先生的《念故鄉》那首詩，我早已讀過。我在班上向同學講到海湼的詩時，就告訴同學，德國有愛國詩人海湼，我們中國也有，我就把高先生的《念故鄉》唸給了他們聽。過一下就請高先生到我班上去親自朗誦一下，解講一下吧。」

於是在又向在座各人請教了一下各系概況後，走到教室。教室是很大的一間，有學生百餘人在座。李老師先請我介紹了一下臺灣的文學概況，然後我朗誦了我的《念故鄉》，並略作講解。這詩是我一九六九年底所作，共六十行。八、九年前曾被大陸某刊物轉載，但那時正是四人幫時代，轉載時被刪去了其中寫大陸苦難情況的兩段。現在我把它照原樣全文朗誦了出來。

同學們聽講的態度相當認眞，也有人起來提問題。還問到臺灣鄉土文學的一些情況。我講到當時也有人要對我的作品扣帽子打棍子，其作風頗有點姚文元的味道……。他們聽到指責姚文元，就都非常高興的笑了起來。看來，無論海峽兩岸誰若是再想深文羅織，迫害作家，作姚文元第二，就都要受到人民永恆的嘲弄與咀咒！秦始皇的時代已一去不復返了，姚文元的時代也已一去不復返了！這是中國人的一點最基本的心願啊！願海峽兩岸的人民共同以不斷的努力來保證它們的一去永不復返吧！

下午，旣遊普照寺與王母池後，暮色蒼蒼中，登上了西去的列車，另一個民族文化的古城——西安，已在等待着探訪。

最後，附錄拙作《登泰山吟》五律一首以爲本篇之結束。詩曰：

泰山何崔巍，天梯入雲霄。
長風吹萬里，巖壑舞潛蛟。
俯視金烏躍，迴眸玉女嬌。*
塵寰掌中小，振翼欲長翱！

一九八二年七月廿七日——九月二日於美國加州柏克萊

*註：玉女，謂泰山女神碧霞元君。參閱本文第四節。

長安訪古

一、西出潼關

火車出了泰安，很快天就黑了下來。轉過徐州後直往西行。整個河南省幾乎都在黑夜裏駛過。次日醒來已過洛陽；未久就到了三門峽站。一路已開過了商丘、開封、鄭州、與洛陽四個大站。三門峽市是因建造三門峽水庫而產生的一個較新的城鎮，在行政區劃上屬於洛陽地區。現在的洛陽地區包括自洛陽以西直到陝西省境的整個洛河流域。

三門峽水壩是五十年代末在蘇俄顧問設計下所建的一大工程。當時曾大肆鼓吹，詩人賀敬之的《三門峽——梳妝臺》一詩更是寫得氣概萬千。但卻因設計錯誤，功能盡失，中共現在已再也不提了。當然也沒有安排我去看。在月臺上走了走，覺得其火車站蓋得還不壞，車站的規模有些與臺灣的二水、斗六等地的車站相似。月臺上有一些穿着白色制服的小販推着小車子賣一些食品。

從車上所見豫西一帶風景，感覺上却相當貧瘠，但見黃土與黃草，十分乾旱，有點像美國堪薩斯州一帶的景象。過三門峽站後復行約兩小時，抵達陝西省門戶的潼關。潼關車站很小，比三門峽站小得多。離車站不遠的月臺盡頭，有一段殘存的城牆，不知是否卽爲古代潼關的遺跡，感不到有什麼雄偉之處。

離潼關站後，在車中可見到華山諸峯，形勢峻拔，與遠望泰山給人的感覺不大相同。我這次本來亟盼亦能一登華山，可惜接待方面安排結果仍未能把它列入日程，實屬遺憾之至。這時已是中午時刻，天氣甚壞，滿空的陰雲。後來在西安的幾天，天氣也都一直不好，不能不更增加了它的黯淡蒼涼之感。下午二點四十分，抵達了西安。

西安火車站是一棟宮殿式的建築，看來還相當美觀，在所有火車站建築中別具一格。下車後，亦有當地接待人員二人來迎，住入西安人民大廈。這一賓館，氣派很大，前後兩大棟西式大樓，式樣有點像臺北的行政院大樓的樣子，但還要高大很多，前面還有很寬廣的院子。後來在西安市區巡視一番後，知道它乃是西安最像樣的一座建築。

整個西安市，像樣的大型建築物其實一共只有三座。第一就是西安人民大厦，另兩棟是電信局大厦和郵政局大厦。其他房子則都很矮小而破舊，店面都狹小而陳暗，而且好像也沒有多少商店。整個景觀，覺得略似二十年前新竹的樣子。漢唐的規模是再也無法捉摸了。

杜牧詩云：「長安回望綉成堆，山頂千門次第開」，那是怎樣的景象啊？已完全只能在夢裏去想像了。

當天下午，並沒安排什麼遊覽節目，就近參觀了西安城樓及明代鐘樓。西安城樓亦爲明代所建，相當高大宏偉，很厚的城牆圍成一個口字形的壁壘（稱爲甕城），樓建在城牆一側之上。但弄得非常破舊，甕城的內庭中竟還蓋起一棟水泥房子，是消防隊的辦公室，完全沒有把它當作古跡來維修。城樓室內設爲西安文物館，其中所掛歷史人物的個人畫像計有：周文王、周武王、秦始皇、漢武帝、司馬遷、張騫、宇文愷（隋京大興城建築家）、唐太宗、李白、杜甫、玄奘、孫思邈、晁衡（阿陪仲麻呂，唐代日本留華詩人）與黃巢。我在《燕京散記》中曾提到，北京市史跡館中不掛文天祥却掛着李自成，那麼，這兒，西安市文物館一定要把長安城的破壞者黃巢掛起來，自也不足爲奇了。固然，大唐長安城的徹底毀滅者是朱溫，但黃巢的破壞與殺戮也是不少的。

明代鐘樓在市中心，已油漆粉刷一新，蓋着綠色的琉璃瓦。它始建於明初洪武年間，當初位置不在現址，到明神宗萬曆十年（一五八二）才遷建到現址，也已四百年了。它從地面到頂端，計高三十六公尺，可說相當高大。樓的基部成城堡狀，四面有四個門洞，通四條大街，所以它也正是四條大街的交滙點。郵政大樓就在其周圍的一側，有點像臺北北門郵局的樣子。但另三側却都還沒有大樓，給人迫切的期待感。

晚上，小顏要寫報告，他一路陪伴我，需要寫報告記載我的動態。我就獨自去逛街。有燈火的街道不多，不需多久就可以逛完。但那幾條街的自由市場，比起其他城市來，要算比較發達，總之，很難得的還有一點夜市。小攤販相當不少，也有幾家家庭經營的小吃店，在暗淡的燈光下開到相當晚的時間。我在小吃攤旁和一個青年攀談了一下。他在文革時被下放到農村，前年才回來，連考了兩年大學沒考上，現已滿二十五歲，不能再考了，是在「待業」之中。所謂「待業」，其實就是無業，這樣的「待業青年」現在非常之多。我問他農村情形怎麼樣，他無可奈何的搖搖頭，然後向周圍看了看，低聲對我說：「據農民講，還比不上『解放』以前呢！」說着，就匆匆在黑暗裏消失了身影。

二、驪山風物

次日，十一月二十日。上午，首先去參觀了秦始皇兵馬俑博物館。這是中國近年最有吸引力的新發掘。它是於一九七四年春由西楊生產隊的農民在打井時無意中所發現，距秦始皇陵一千五百公尺。後來在一九七六年，在附近的北側又發現兩處，遂分別稱之爲一號坑、二號坑與三號坑。現建爲博物館，於一九七九年才建成，是在坑址上建了一座籠罩全坑而很大的拱形展廳，前有鑲着琉璃瓦簷的門廳及廣場，廣場兩側還有幾間陳列室及紀念品售賣部。

館裏已培訓了幾位負責講解的小姑娘，進去後，就有一位過來陪我參觀。整個坑非常大，東西長二百三十公尺，南北寬六十二公尺，深有五公尺，坑周圍建了參觀走道，是由上向下俯視。坑並沒全部挖開，已挖開的幾道，共有武士俑五百多尊，戰車六乘，每乘有四匹馬，共二十四匹。按其所置密度推測，此坑內共應有兵馬俑六千件左右。這些兵馬俑，全部都與眞的同樣高大，這些兵馬俑的高度大都有將近一百八十公分的樣子，可見選擇的都是最魁偉的武士。而他們的面形、神態竟是無一雷同，基本上是單獨造型，逐個捏製而成，而莫不威風凛凛。除少數領隊者披鎧甲外，其餘都不戴頭盔。一個個短袍束帶，扎綁腿，或挾弓弩，挎箭囊，神采奕奕，表情生動，髮型絕大部分都是紮一個結，偏在頭頂右側。那些馬則或備鞍，或無鞍，莫不雙目圓睜，兩耳直豎，虎虎有生氣。馬的尾巴都紮成辮子狀，沒有見到是想不到的。再仔細觀察，我就發現每個武士全部都是單眼皮，臉盤寬闊，嘴唇稍厚。這說明了秦代的中國人還全都是純粹蒙古種（黃種）的原型。現代中國人雙眼皮的不少，是否從南北朝時代起混和了西域胡人的血統而開始出現的呢？這似乎倒值得人類學家作一考證。若據歷代畫跡，則漢代壁畫及塑像仍均爲單眼皮，而相傳爲唐代王維所繪的「伏生傳經圖」中那位老先生很淸楚的是雙眼皮了。此畫雖不一定是王維眞跡，但爲唐代作品無疑，自是以唐代人物作模特兒而畫的。又傳世的唐太宗畫像，也是雙眼皮。這兩張畫可能也是中國最古的雙眼皮人像了。那麼這也說明至少從唐代起已有雙眼皮中國人的出現。則我推測自南北朝時混和了西域胡人血統而始出現雙眼皮中國人，也許可以成立吧？唐太宗就正是具有胡人血統者也。

觀秦兵馬俑，可見在秦代時雕塑藝術已發展到極爲傑出的成就。在這些巨大的陶俑沒有發現前是想像不到的，因爲它們的藝術水準，可能超過了中國以後歷代所留存的全部雕塑。後代的雕塑人像與佛像，都幾乎從來沒有一件能有像這些武士俑所顯示的細緻的人間性之表情，臉部的肌肉感，與準確的體態。那麼，何以秦代已臻如此高境，而其後卻反而退步呢？仔細想想，這問題該仍要歸罪於秦始皇。蓋史稱秦皇驪山陵墓即成，爲恐洩密，遂將參與工作的工匠全部關入墓中活活悶死。這大批全國第一流的工匠既然一下子都被坑殺，則其技藝亦自然勢必失傳，所以世人固習知秦始皇焚書坑儒，嚴重摧殘了文史哲學的發展，卻往往忘了他也同樣坑百工，以致也嚴重斲傷了工技藝術的發展生機。至於漢興，遂一切等於要重新開始，重新發現，則又何能而不大爲倒退呢？而約從西元四世紀起，中國的雕塑又幾乎全被佛教所獨佔。佛像的特點則是全部都處在無感情的狀態。至於金剛羅漢之類則又表情太過超人的奇特而缺乏人間性。

參觀秦俑既畢，遂轉往秦始皇陵。既抵，但見漫漫的野草遍覆着這一座淺淺的山丘，前面立着一座近代所建的寒傖的磚砌墓碑，寫着「秦始皇帝陵」字様，如果沒有這一座碑，誰又能想到這裏就是當年以七十萬人的血淚所堆集而成的暴政的永恒罪證呢？據記載，秦陵當初有一百一十公尺之高，經歷代風雨侵蝕，現在的高度是四十七公尺。所處地勢開濶，陵園原來的面積有八平方里，建有內外兩重城牆，現尚有門址可按。內外兩城牆間有馬匹葬儀坑十七座，珍禽異獸瓦棺坑十七座，跪坐俑坑十四座，陵西側及北側各有陪葬墓和陪葬坑。陵丘是在原來內城的南部，內城北部則原爲寢殿及祖廟，通往墓內的通道也在陵丘北側。陵園外還有大片的從葬區，東部有殺殉墓十七座，馬廐坑九十三座，西部有刑徒墓七十座，西北方還有打石場的遺址。秦陵建築及內部固然均早已燒毀，而從這些遺跡看來，也已可見其殘暴絕倫的程度了。

秦陵前面有一間小賣店，賣一些仿唐三彩的陶塑。買了一只陶馬，要了人民幣四十元。後來知道，當地人去買的話，八塊錢就可以買到。越二日，我在一飯店請兩個親戚吃飯，也被大敲竹槓。我兩個親戚，加上當地的接待人員，共七個人。進了飯莊，却說不准點菜，要由飯店來配。上了七道菜，却包括一盤炒豆芽，一盤炒靑菜，除了一盤鷄外，全是不値錢的粗菜，再加上當地特產的兩壺米酒，索價竟達人民幣六十餘元。比在美國還貴。我那親戚堂妹去年從學校畢業，留校任職，月薪才人民幣三十六元。她一向過着相當艱困的生活，平時還很少上飯館的。一看這價格，不由得當場哎喲的歎起氣來，這樣的物價，那樣的薪資，誰又能不感慨無窮呢？而從這些做買賣的作風，又可見西安這地方，貌似樸實，建設極落後，而民風却一點也不淳樸。

秦皇陵行不遠，卽抵華清池，兩者都是在驪山之麓，華清池卽唐代華清宮遺址所改建，楊貴妃「溫泉水滑洗凝脂」之處是也。現建爲公園，範圍並不大，約與陽明山前山公園差不多而已。主要是一方池塘，水很清澈，池周圍建有宮殿式的廳堂亭閣，其較大的一間廳是作飯店用。後面還有幾排房子可洗溫泉澡。我也洗了一洗，水質是透明的，與臺北烏來及霧社廬山的溫泉水質相近，却不够熱，洗後感冒了三天才好。溫泉之後就是驪山山麓了，登上數十步，有蔣公當年遭遇西安事變時所居的房子，仍照原樣陳列着。

回到市區，去西安交通大學看了我的親戚，是一位在該校任教授的堂叔。他出差未在，見了他的子女，卽上述的堂妹和她的弟弟。他們住在一座非常破舊的宿舍，分到兩間十分黯黑的房間。姊弟二人都已二十多歲了，還共同擠在一間房裏。交談之下，知道他們在文革時期都曾下農村勞動多年，其弟弟未能好好上什麼學，現在將要分發到學校厨房去當伙夫，他渴望着能升學或轉業，却還看不見有什麼希望。

三、半坡遺址

二十一日上午，往參觀半坡遺址。半坡遺址是仰韶文化的主要代表，它發掘出土的時間又比較早，早在一九五三年卽已發現，不像秦兵馬坑是到一九七四年才發現的。所以當我在學校讀書上歷史課時，及後來自己擔任中國通史教程時，都首先就要遇到它，眞可說是久仰大名。今得緣前往，尤感興趣。

半坡遺址博物館的建築大致與秦兵馬坑博物館相似，也是以一座拱形展廳罩在整個挖開的遺址上面，但面積沒有兵馬坑大。遺址在一斜坡之上，門前有三、四十層的臺階，階前建一圓形水池，中有半坡先民持陶瓶汲水的塑像，古意盎然。

這半坡遺址是在西安東郊的滻河之濱，距滻河流入灞水的交滙處不遠。中國古典文學中常提到的「灞橋送別」的灞橋，也就在不遠。

入館後，但見大片乾硬的黃土上挖開着那上古村落的數十幢房屋遺址，有些房屋照所考據之原樣重新架立了起來。房子爲方形、圓形兩種，方形房子大多是半地下式。修造時先挖一個一公尺左右深的坑，以坑壁爲牆壁，從四壁頂上的邊緣，向屋中心的幾根立柱上舖架木椽，形成屋頂，上面再塗抹一層草泥。據說是冬暖夏涼，堅固耐用。圓形屋則大多建在地面上，牆壁高一公尺多，牆中排滿了細木柱子，屋頂同樣是用木椽架成，然後塗抹草泥，所有房屋中間都有一個燒火坑，以做飯和取暖。在整個居住區的中心，有一座較一般住屋大五六倍，面積約一百五十平方公尺的房子，據推測當爲氏族成員聚會之所。

半坡遺址的是上古村落，據考據是在距今六千餘年前，時當歷史傳說中的伏犧氏時代。從同時出土的文物看來，半坡是以農耕和漁獵爲生，並已能紡織和燒製陶器。在主館外的陳列室中所陳列的一些陶器上，可發現有一些簡單的刻劃符號，它們重覆而又規律的出現在特定器物的固定部位上，說明極可能是一種記事的符號，應該是中國文字的萌芽。史稱伏犧氏作網罟，教民佃漁畜牧，又畫八卦，爲中國文字之初胚。均可與此相合。館中的說明又指稱它是屬於母系氏族公社的村落，此則其實並無充分證據。史稱伏犧氏又制嫁娶，以儷皮爲禮。從半坡遺址的建築看來，除中間那聚會用的大屋外，都不過十幾二十幾平方公尺，每屋最多只能住四、五個人。只好宜於一夫一妻及其子女的小家庭住。則似亦合於已有婚姻制度的情況。

根據半坡土壤的花粉分析，可知六千多年前的半坡是一片稀疏的草原，有零星的樹木，氣候比現在較溫潤，雨量稍多。先民們已能種穀子和蔬菜。從出土的殘遺骨骸中，則發現有鹿、麞、貉、麝、鵰、貍，以及猪、狗、馬、牛、羊、鷄都有。出土的工具有石刀、石鏟、骨矛頭、骨鏃、骨魚叉、魚鈎等，足證農耕、漁獵與畜牧，已在同時進行着。其中一所較顯明的方形房屋遺跡，面積十七平方公尺，門朝南，有十二根柱子，人字形兩面坡屋頂。顯示中國古典木構框架體系已趨形成，奠定了中國後世建築的基本體型。充分說明了中國文化的源遠流長。

在陳列室的出土文物中，有兩種陶器使我印象特別深刻。其一是一種尖底的陶瓶，爲什麼是尖底的呢？原來是專用來打水的。當用尖底瓶打水時，由於漂力，瓶身前傾，將水裝滿提起後，則重心向下，自動垂直，可以很安穩的提回去，充分運用了物理上的重心原理，美妙極了。其二是一種陶甑，分爲上下兩截，上截底部有很多小孔，這是幹麼呢？原來是用來蒸東西吃的，下半截裝了水之後，放在火上，就可以利用蒸氣來蒸食物，十分巧妙，還有石紡錘與陶紡錘，是今天所能見到的最早搓線工具。

半坡的陶器，就是所謂的彩陶。其造型與圖案更是十分優美。除幾何圖案與色彩絢麗的花卉圖案外，也有人和動物的圖案。口銜雙魚的人面，飛奔的鹿，張着大口的魚……莫不線條簡潔傳神，形象生動逼眞，既古樸淳淨而又充滿强烈的感情。這種境界，大非後世一般藝術品所能比擬。永保人類的童心，以率直熱烈的感情，開拓出敦樸淳厚的世界，豈非歷代眞正的藝術家所欲永恆的去追求以達的境界嗎？而在機心日甚，愛心日淡，汚染日濃，奸謀日烈，對自然的破壞日趨加强的人類歷史歧途的發展下，又有幾個藝術家能眞正尋求到他所期盼的世界呢？

四、雁塔吟詩

遊半坡遺址卽畢，遂驅車往慈恩寺，慈恩寺者大雁塔所在也。以往見到大雁塔的照片，都是在距塔很近之處，只照塔的本身，看起來旣不覺其高大，又有形式笨拙之感。及抵，原來整個範圍很大，入寺門，有一片很大的空地及花園，兩旁有鐘樓鼓樓，空場盡頭正殿之後，矗立着高聳壯偉的大雁塔，頓感氣氛莊嚴開濶，與只看「單身照」大不相同。

慈恩寺開始建於唐太宗貞觀二十二年（六四八），爲太子李治（卽後來的唐高宗）爲追念他的母親文德皇后而修建。據記載：當時規模極大，有房屋一千六百九十七間，莫不雕梁畫棟，窮極華麗。現在建築則是明代在舊址所建，已沒有幾間了。當寺始建時，玄奘（三藏）法師剛從印度取經歸來，他帶回佛經六百多部，爲了保藏這些佛經，由玄奘向朝廷建議在寺中興建了大雁塔，玄奘並即在寺中譯經。大雁塔建於唐高宗永徽三年（六五二），初建時只有五層，高十八丈（六十公尺），仿西域形式。到武則天長安年間（七〇一—七〇四）改建爲十層，據記載高達三百尺（一百公尺）。到晚唐戰亂，殘存七層。後唐長興年間（九三〇—九三三）由西京留守安重霸就所存七層加以修整，就是現在這樣子，計高六十四公尺，平均每層約高九公尺。整個塔呈方形角錐狀，一層比一層縮小，現最上一層的寬度是大約底層的一半。想當年是十層的時候，最上的第十層勢將小到只容一、二個人站立，而這樣還只有九十公尺光景，所以上面當還有一個高九公尺餘的尖頂。這就是成了一座完整而十分尖銳的方錐體，其給人的感覺將與現在完全不同。現在由於一直到頂層還相當粗，給人莊嚴敦重而總不免又帶點笨拙之感。但我在圖片上再把那已消失的三層及其尖頂照每層縮窄的比例一加上去後，就完全不同了。立刻出現了一種極爲雄奇險峭的驚人的風姿，所以我起初在它庭院裏邊殿的陳列室中朗誦着掛在壁上的唐代詩人們詠吟的詩篇時，總覺得詩人們的誇張未免過份了一點吧？可是待後來自己在圖片上把那應有的三層及尖頂一加畫上去後，就終於體認到了他們的驚歎之情。

杜甫的《同諸公登慈恩寺浮屠》對它的寫照是：「高標跨蒼天，烈風無時休……俯視但一氣，焉能辨皇州……」，高到看下來已只見茫茫大氣，地面都無法辨認了。這當然還是誇張了一點。

岑參與章八元的兩首則更具體的寫出了大雁塔的氣概與形象。但有趣的是岑參詩中却說是「七層」，章八元則說是「十層」。那當時究竟幾層呢？經近人研判，七層或還有些記載作六層的均爲傳抄之誤。因爲章詩中還明白的寫着共有四十個門，每層每面一門，故非十層不可。而七層也不可能達到三百尺之高。玆錄岑、章兩人之詩如下——

岑參《與高適薛據同登慈恩寺浮屠》：

塔勢如湧出，孤高聳天宮。
登臨出世界，磴道盤虛空。
突兀壓神州，崢嶸如鬼工。
四角碍白日，七層摩蒼空。
下窺指高鳥，俯聽聞驚風。

連山若波濤，奔湊似朝東。
青槐夾馳道，宮館何玲瓏。
秋色從西來，蒼然滿關中。
五陵北原上，萬古青濛濛。
淨覩了可悟，勝因夙所宗。
誓將掛冠去，覺道資無窮。

章八元《題慈恩寺塔》：

十層突兀在虛空，四十門開面面風。
却怪鳥飛平地上，自驚人語半天中。
迴梯暗踏如穿洞，絕頂初攀似出籠。
落日鳳城佳氣合，滿城春樹雨濛濛。

這章八元是代宗時人，在《全唐詩》中存詩六首，一向不大出名，沒什麼人注意他的詩。但這一首寫得還相當生動的。對於對證大雁塔的歷史情況尤其是重要證據，其第六句「絕頂初攀似出籠」，也正好證明了我前面說「到第十層勢將小到只容一、二個人站立」的推測。

入大雁塔後，見底層有唐代著名書法家褚遂良所書寫的唐太宗所撰《大唐三藏聖教序》及太子李治所撰《述三藏聖教序記》的碑刻。記得幼年時曾臨寫褚遂良《聖教序》碑的字帖，不料原碑在此！登上塔頂，北望隱約可見渭水，南眺則終南山在望。塔西周是寬廣恬靜的田野。而塔旁唐代最著名的遊樂勝景曲江池則早已乾涸無存。整個西安，唐代建築則大雁塔與小雁塔外，竟已完全毀滅。周秦漢代的就更不用說了。在羅馬，至今還可以見到二千餘年前的建築，翡冷翠則整個文藝復興時代的城區完完整整的留存着。而中國則無論周、秦、漢、唐、宋、元的宮殿與城市建築，歷代摧殘燒掠，幾至完全蕩然，眞令人有無限唏噓歎息。

在雁塔既誦唐詩，乃復有詩文之會。出慈恩寺後，遂赴陝西師範大學與中文系師生座談。出席者有系主任高元白教授及其他教師約十一、二人，又該系高年級學生二十餘人，共三十餘人，我在介紹臺灣文學時朗誦了巫永福的《祖國》一詩。隨後，朗誦了我的《中國萬歲交響曲》並略作講解，我講到其中「拔劍兮揚眉，盈耳呀是波濤澎湃」一句時，指出這是引用天安門革命詩句「我哭豺狼笑，揚眉劍出鞘」的典故而來，引起了在座多人熱烈的鼓掌。當整個讀完講完後而鼓掌，自是應有的禮貌，而講到這一句時大家却情不自禁的鼓起掌來，倒是我所想不到的。高主任則謂此詩能將歷代典故與現代語言充分配合無間，氣勢滂礴雄偉，深表嘉勉之意。高主任已年近八十，鬚髮皆白，有老師宿儒之風範。

會後，高主任及中文系各教授卽在校內爲設晚宴。席間有一種「香醪」，十分甘美香醇，據告卽當年李太白所飲之酒也，不禁爲之大喜。能喝到李白喝的酒，是生平一大快事也，遂開懷暢飲，酩酊踏月而歸。

五、乾陵煙雨

在西安還有兩天時間，我始終未能忘情於華山，原想放棄其他節目，趕去登臨西嶽。但二十二日一早起來，陰雨連綿，據告山上勢必更是雨霧籠罩，不可能看得見什麼，遂只好仍作罷。驅車往乾陵、永泰公主墓及昭陵。

乾陵與昭陵距西安市區均較遠，在市區西北方向，汽車要開兩個多鐘頭，永泰公主墓則就在乾陵近旁。一路都是黃土路，路面情況甚差。見到陝西的鄉下，實在相當貧瘠，盡是黃土，綠色甚少。一些鄉下人家，也都是土砌的房子，沒有白粉牆，也沒有用紅磚砌的房子，鋼筋水泥的就更沒有了，木造的也沒有。

乾陵是唐高宗和武則天的合葬陵，在乾縣城北六公里的梁山之上，距西安八十五公里，是唐代帝王在關中地區的「十八陵」中保存得比較完整的一座。當初修建規模宏大，氣勢雄偉，在唐陵中是具有代表性的一座。陵所在的梁山是一個錐形石灰岩質山峯，高海拔一千零四十八公尺。有三峰聳立，北峰最高，爲陵之主體，南二峰較低，東西對峙，爲陵之天然門戶。高宗在位三十四年，於弘道元年（六八三）十二月（應已入陽曆六八四年）死於洛陽，文明元年（六八四年）八月葬於乾陵。武則天在位二十一年，於神龍元年（七〇五）十一月死於洛陽，次年五月與高宗合葬乾陵。

由於兩帝合葬，先後兩度整建，故當初的建築也特別宏偉。據文獻記載，當時原有內外兩重城，周圍約四十公里，地面建築有屋三百七十八間。但由於歷代風雨侵襲與人爲的破壞，現在地面除尙存有幾對土闕外，宮殿建築已完全毀滅無存。

乾陵南面的第一對土闕，卽舊朱雀門遺址，（北門稱爲玄武門，東門稱爲青龍門，西門稱爲白虎門），有八稜柱形華表一對，柱頂各置圓形石球一枚，恐怕不是原來有的。再向北過去，接着有飛馬一對及浮雕朱雀一對。飛馬的脚又粗又矮，雙翼很短作雲卷紋，與秦兵馬坑中的馬，風格完全不同，倒很像古波斯的雕刻風格。唐代與波斯是頗有交通來往的，所以，是否受波斯雕刻的影響，或者甚至就是由當時波斯來華藝人所雕？值得研究。而朱雀則原來就是駝鳥！駝鳥非中國所產，據考據係當時由阿富汗進貢而來。到原來內城門內址時，則有一對巨大的石獅子，而獅子亦非中國所產，這對石獅子的臉部顯得比中國後世流行的石獅子要寫實些，但顯然是中國後世石獅子的原型。其雕刻風格，我仔細看看，也是古波斯風格嘛！嗯，波斯是有獅子的，沒有錯——獅子原產於非洲，由埃及傳到亞洲，由亞洲傳到波斯，由波斯再傳到中國……線索理出來了！所以秦始皇墓裏沒有獅子，道理很明白了。以前我見到有人寫文章認爲中國的石獅子可能是依獅子狗的形象塑造的，現在見到乾陵的石獅子，可證此說非眞。現在我們似可確定：中國後世的石獅子是以乾陵的石獅子爲原型而來，乾陵的石獅子是從波斯而來，波斯的獅子雕塑則是從眞獅子而來。中國雕塑史上的這一公案，現在似乎可告解決。

再往前行，有由武則天撰文，中宗李哲書寫的《述聖紀碑》，歌頌唐高宗的功德。碑高六公尺餘，上有廡殿式的頂蓋，其旁不遠，則有武則天的「無字碑」。原來武則天遺言謂她的功過由後人自評，因而不刻一字，稱爲「無字碑」。但無字碑現在却已成了有字碑，蓋至宋金以後，游人往往自行題刻一些字上去。但字迹大都已剝蝕得看不淸了，惟有金天會十二年（一一三五）所刻的一篇《大金皇弟都統經略郎君行記》還可看，此文是用女眞文刻的，旁有漢譯。女眞文現已絕迹，這可說是唯一的遺跡了，所以十分珍貴。在石獅子前兩側空地上，還有一羣石刻人像，達六十一個，原來是當初參加唐高宗葬禮的各地首領與特使的雕像。可惜石像們的頭部全部已被打掉，但從服飾上還可以看出是西域及西亞一帶民族。據悉在一九五七年整修乾陵時，發現有六個倒在地下的石像背上刻有國名和官職姓名，包括于闐國、吐火羅國，木斯罕國等。雖屬一鱗半爪，仍已足以證明唐代的聲威遠播。

陵丘頂上，則並無可觀。本來想登上去，而煙雨愈甚，難於跋涉，看看這些斷頭的石像，更不禁一陣淒涼之感。

……樂遊原上清秋節，咸陽古道音塵絕！

音塵絕！西風殘照，漢家陵闕！

大漢的聲威，大唐之盛況，正不知何時得以重現啊？

六、公主之墓

乾陵之東南，有永泰公主墓。永泰公主李仙蕙，是唐中宗李哲的第七女，也就是武則天的孫女。卻因被人密告說其「竊議」武則天的面首張易之，而被武則天逼令自殺，年方十七歲。命運十分悲慘，也充分反映了專制宮廷的殘酷。時爲武則天大足元年（七〇一）。過了五年，神龍二年（七〇六），中宗已復皇帝位，才建此墓作爲乾陵陪葬墓之一。按《唐書》沒有「公主列傳」。《新唐書》的《公主列傳》（卷八十三）中則有如下的簡要記載：「永泰公主以郡主下嫁武延基。大足中，忤張易之，爲武后所殺。帝（指唐中宗）追贈以禮，改葬，號墓爲陵。」但在《唐書》及《新唐書》的《外戚列傳》中則分別還有稍進一步的記載。同案被殺的還有與她結婚未久的丈夫武延基，以及她的哥哥「懿德太子」李重潤，均以共同私下「竊議」張易之，被武則天所悉而處死。懿德太子（當時的頭銜是「邵王」）死得更慘，史稱他「風神俊朗」，以「孝友知名」，乃遭「杖殺」，年方十九。是則所謂「忤張易之」的寫法，其實還不完全正確，應是忤了武則天之故。武則天的殘狠亦可見一斑矣。但這一墓主的事跡，參觀時並無說明書加以介紹，所以一般遊客恐怕絕少有人知道。

乾陵的陪葬墓共十七座，現已有五座進行了發掘。懿德太子的墓亦在其中。永泰公主墓則於六十年代初就已首先發掘，所以十分著名於世。我於十年前出版的拙著《中國繪畫史導論》一書中就曾印入永泰公主墓壁畫的圖片。所以我對她也可說是慕名已久，現在，細雨濛濛中，且去參拜一下這位薄命公主的幽靈吧！

進入一個古墓，這是一個新奇的經驗。原來從墓道斜斜的下去，要經過「過洞」，「天井」「甬道」，而後才抵達墓室，墓室有前後兩間。一路在陰暗的光線下深深的走下去，似乎不知其所終……該別忘了，這正是幽冥地府啊！以前見古人把死亡謂之入地府，常以爲是比喻象徵之詞，現在才感到原來確實是地下有府第的「寫實」說法呢！

一路走進去，共經過六個「天井」，天井是一直通上去似可與地面通氣的樣子，但其實並不穿透，甬道兩側，有「便房」八間，從甬道壁上可以看見一個個的小門洞，門洞上現加了玻璃，裏面通了電燈，看進去可以看到放着多種三彩俑和瓷器等隨葬品，有些陶俑配成一整套的擺列着，十分有趣。在墓道的壁上，以及過洞、甬道和墓室的壁上及頂部，都有壁畫。但現在永泰公主墓中這些壁畫都不是眞跡，原來在挖開墓道後爲恐眞跡受潮受損，已揭下來放到博物館去了，現在的壁畫則是照眞跡重新複繪上去的，但看起來也還是和眞的一樣。

這些壁畫，要以墓室的前室中被定名爲「侍女圖」的最爲美麗動人，一羣站立着的宮裝少女，或捧杯，或執扇，或持食盒，穿着豔麗而飄逸的衣裳，禮貌豐腴，線條矯健有力，顯示出唐代人物畫及女性美的典型。「侍女圖」這一名稱是現代人爲它定的。這些少女是否都是侍女呢？其中有沒有一個是公主自己呢？我覺得不是完全沒有可能。畫中站在中間的那位，與其他人有點不大一樣。她差不多處在畫面的中央，其他人都圍繞着且面對着她，她披着朱紅的披肩，一手持玉碗，作將飲之勢，與其他人以雙手捧杯或持盒作供奉狀者有所不同，雖然服裝並不比別人特別講究多少，但總覺得像是全畫的主角。而她的容貌及衣著又與另一幅被題爲「觀鳥撲蟬圖」中那在觀鳥撲蟬的少女（也是壁畫的主角）完全一樣。所以我總覺得可能就是永泰公主吧？而這兩張畫畫的該就是她生前的日常生活情形。她是典型的唐式美人：圓圓胖胖的臉，櫻桃小口（嘴很小而唇較厚），淡掃蛾眉（不是如蛾所長之眉，而是像蛾本身樣，眉很寬，尾端似振翅欲飛）。但儘管與現代的化粧標準已有相當距離，在畫家筆下的她，却仍充滿着動人的青春氣息。

墓的後室就是停放石槨之處。室內很暗，本來有大量陪葬品放在這兩間墓室內，現在已取出放到陳列室及博物館去了。撫着石槨，環繞着走了一圈，萬籟無聲，只聽到自己戛戛的足音，漾入外室透進來的微茫的燈影裏。「秋墳鬼唱鮑家詩，恨血千年土中碧……」我不期然的想起了李長吉的這一聯詩句來。

告別了永泰公主，就繼續去瞻仰天可汗唐太宗的長眠之地——昭陵。昭陵距乾陵還有一段不太近的路。它因山爲陵，在禮泉縣東北四十五華里的九嵕（音棕）山主峰內。陵園周圍有六十公里，散佈着一百六十七座功臣貴戚的陪葬墓。昭陵與乾陵一樣，並未發掘開，所謂參觀昭陵，主要是到距山峰不遠的昭陵博物館。由此眺望昭陵，主峰在雨霧中一片蒼黃，瀰望是數不淸的墳丘，令人似感有無限悽愴撲面襲來，昭陵博物館緊靠着陪葬墓羣中的徐懋功

（李勣）與尉遲敬德的墓。館中陳列着已發掘的十四座陪葬墓中的出土文物，除了大量的陶器、陶俑和專屬器皿外，還有許多巨大的墓碑與墓志石移置其中，這些碑的碑文均由名書法家所寫，所以，可說已成爲初唐書法的薈萃之所。另外還有不少的墓壁畫，也都取出置於館中。陳列品相當豐富。

昭陵的地面建築，原來與乾陵一樣，也有三百七十八間，也是已完全毀滅。而據接待人員說，陝西省政府已計畫要將昭陵的三百多間地面宮殿，完全照當初原樣重建起來，並準備在一九八五年完成云。這可眞是一大壯舉，屆時將使全世界各國的來賓大開眼界，同聲讚歎大唐雄風矣。不亦偉哉，不亦快哉！而昭陵與乾陵的地下墓穴也尚未發掘，據史藉記載，唐代諸帝陵，在五代時曾被溫韜盜挖，盜挖至乾陵時，因風雨太大而沒有挖開，今加勘查，則乾陵還無被盜挖的迹象。至於昭陵墓穴，深入山腹，可能也還沒被挖過。永泰公主墓比起來只是一個小墓，且曾被盜過，出土文物還有一千三百多件，則他日這兩大帝陵分別由專家發掘後，眞不知要爲唐代文化及藝術史增加多少新資料呢！

七、碑林獻福

小雁塔與碑林，是在西安的最後參觀項目了。西安的堂妹與堂弟知我今天要走，一早就跑到賓館來了，遂得連袂同遊。今天本來只有半天時間的，下午要乘飛機赴成都。但到了機場，却久久不飛，最後，說因天氣欠佳，終於停飛，在機場耗損了一整個下午。

小雁塔在薦福寺，這裏似乎較少人來參觀，入寺院後，一個遊客也沒有，寺院也還沒整修完竣，塔門也鎖着，不能登臨，但庭院還很清雅，有翠竹叢叢，略有點像臺南開元寺旁的院子的感覺，雖然比較荒蕪些，倒也更增古意。

薦福寺始建於唐文明元年（六八四），初名大獻福寺，越六年，改稱大薦福寺，既然特別加了個大字，當初當然也是很大的。當時小雁塔建於其隔街，是其一部分。到唐末戰亂，原寺被燬，寺搬到塔院中，卽現址，現在的寺殿則是明代所建。

小雁塔建於唐中宗景龍年間（七〇七——七〇九），是爲由海路赴印度取經歸來的義淨法師藏經之用，義淨卽在薦福寺譯經，並圓寂於寺中。

小雁塔採用密檐式磚構建築，式樣玲瓏秀雅，是印度的風格。塔原有十五層，現在少一層。原來在明代時陝西經歷了兩次大地震，一次在成化二十三年（一四八七），是六級大地震，把塔自頂至底震裂了一條一尺多寬的裂縫。第二次在嘉靖三十四年（一五五五年）是八級大地震，死亡八十三萬人，陝西的建築物百分之八十都被震毁。塔却還未震倒，震掉了塔頂。所以現在身有裂紋，頂上少了一層，但看起來還是很美。現在的高度是四十五公尺。爲什麼它震不倒呢？除了塔身結構堅固外，原來還特別由於塔下地基當初被夯築成半球體，遂能使震動力均勻分散。充分顯示了中國古代工匠的建築技巧。

碑林現稱爲陝西省博物館，除了原來的碑林外，又增建了不少陳列室，還有綠蔭叢叢的很大的庭園，規模甚大。但就其房屋建築與庭園而言，比起臺北的國立歷史博物館和它所在的植物園來，却還差了一截。藏品方面，臺北的國立歷史博物館有一大批從原河南省博物館搬去的大型商周銅器，這一批鎭館之寳是現在任何其他博物館所沒有的，這陝西省博物館的主要鎭館之寳則當然就是碑林了。

碑林的建置，可追溯到唐末，是從保存唐代所刻「石臺孝經」和「開成石經」開始，最初立在唐長安城的國子監內，到宋哲宗元祐五年（一〇九〇），將全部石經及其他重要碑石移置現址，奠定了碑林的基礎。金元明清，代有整頓，至乾隆四十六年（一七八一）陝西巡畢沅作了大規模的整理。現計收藏漢、魏、隋、唐、宋、元、明、清各代碑志二千三百餘件。

整個碑林，分建了好幾排大型陳列室，陳列室前面有一座掛着「碑林」匾額的亭子，亭中是唐玄宗書孝經碑。陳列室中首先陳列的就是「開成石經」，是唐文宗開成二年（八三七）所刻，當時不是十三經，只有十二經，沒有《孟子》。計一百四十四石，兩面刊刻，共六十五萬餘字，清代補刻了《孟子》。其他突出碑石有「大秦景教流行中國碑」，密宗的「不空和尚碑」，顏體代表作的「顏家廟碑」，柳公權的「玄秘塔碑」，懷素的「草書千字文」，顏眞卿的「爭座位帖」，及漢代的「曹全碑」、「熹平石經」，集王羲之字的「大唐三藏教序碑」，淸代翻刻的「宋諄化閣帖」等，莫不歷歷在目。其中顏眞卿的「爭座位帖」，書體與一般用以代表顏體的「顏家廟碑」大不相同，顯得很瀟脫，使我對他不能不另眼相看了。

碑林以外的其他陳列室中，突出的展品有著名的閻立本「昭陵六馬」浮雕。其中當年被美國盜去的兩塊，也做成了仿製品一並陳列。還有不少漢代的大型石刻，它們豪邁的顯示着一種壯盛的氣魄。另外，還有漢墓中出土的紙片和齒輪，是兩千年前我國勞動人民創造的世界最早發明的實物例證。

中華民族自古創造着燦爛的文化，一次次歷盡艱辛，一次次又從火海裏重生！堅強偉大的民族，你必將再度閃耀出無比的光芒吧？我期待着，我信仰着，我爲你祈禱祝福！

一九八二年九月廿七—十月四日於美國柏克萊

西蜀遊踪

一、文史座談

十一月二十四日上午（一九八一年），自西安飛成都，陰霾未散。抵成都已近中午，住入錦江賓館。從房間陽台推窗外望，見周圍還有一些花木之勝，這時，天亦開始轉晴。我就想，該說一兩句表示讚美的客套話吧？就一面看看窗外景色，一面對成都方面的接待人員劉君說：「嗯，不錯，『芙蓉國裏盡朝暉』！」蓋成都一稱錦城，又名芙蓉城，而「芙蓉國裏盡朝暉」則正是他們的「偉大領袖毛主席」的詩句也。不料，劉君却說：「啊？你也看到這篇文章啦？」「什麼文章？」原來，劉君說，這一句正是文革時四川的文革派用來鬪爭人的一篇文章的題目。所以他一聽到這句子，還直覺的不免有點心有餘悸呢。然後他就講到文革對四川的摧殘，他以濃重的四川口音說：「文革實在把四川弄得太慘了！」

我這次在大陸的旅行，一路到處聽到人家說「太慘了」、「太糟了」的話。我還能說什麼呢？讚美的話實在是無論如何也說不出口了。有的朋友在聽到我的一些評論後，說：「你怎麼好像都沒有好話呢？」我能怎麼說呢？整個旅程所見所聞，除了山川形勝，一部份古跡已修復如新，有些城市的行道樹種得很好，街道基本上都很乾淨，之外，還有什麼好的可說呢？當然，算起來，好的也還有一些：比起四人幫打倒以前，整個空氣已開朗得多多，以往長期被鎮壓的人，大多也都已放出來了；知識份子已不再受到歧視；個人崇拜已被拋棄；語錄牌已全部清除；青年人已知道要讀書求學；鬪爭的高壓已經基本解除；多年來鐵路公路不斷的修築了很多；北京與上海的市郊正增建着大量的公寓住宅；市場供應已較前豐富……。但這都是在中共統治下就其自我前後相比而言。至於就現時所見的與外面來比呢，則無論人民生活、精神面貌、城鄉建設，以及所遇各人的情況，就實在乏善可陳了。

還有一些大陸來美的學人，看到我在《燕京散記》中不贊成在北京市博物館裏掛李自成的像，就說：「你們臺灣出來的，對農民起義總是沒好感。」我說：「問題不是這樣的吧？對歷史上每一次所謂的『起義軍』，應該實事求是的個別來看。」看什麼呢？第一要看它有沒有濫事殺戮破壞；第二要看它得到一點權力之後，是不是跟被它要打倒的政權同樣的腐化或殘暴？第三要看它是不是眞正促進了歷史的向前推進？以這幾個標準來看，則秦末陳勝、吳廣、劉邦的起義，隋末竇建德等人的起義，元末韓童山、劉福通等人的起義，當然都要肯定。至於漢末的黃巾起義，雖然不合第三個標準，却還能通過前兩項要求；淸末的太平天國起義，不能通過第二項要求，但可以通過第一、第三兩項要求，所以也該可以肯定。但像項羽、黃巢、朱元璋、李自成、張獻忠等人可就不行了。項羽難道不是打着起義的旗號嗎？他難道不是也領導了一批農民起義軍嗎？可是他所領導的這批人幹了什麼事呢？秦政權既不是他推倒的，而進了咸陽之後却不但把咸陽的幾百萬人全都屠殺，還澈底燒燬了全部的文化遺產。朱元璋不是農民起義嗎？他自己就是農家出身，而當韓山童、劉福通等所有其他的起義軍都在和蒙古統治者作殊死戰時，只有他的部隊是專門在擊殺其他的抗元起義軍，到作了皇帝之後的殘暴更幾乎是空前未有，比起元順帝時代來實在不知要更糟糕多少。而黃巢、李自成與張獻忠，他們的大肆屠殺，歷史的記載是這樣的豐富；當他們得到了一點權力之後，也立刻同樣的腐化；他們也絲毫沒有眞正推動歷史的有利發展；黃巢開創的是殘唐五代長期戰亂的局面，而李自成與張獻忠這樣的會打會殺，對於滿淸的入侵軍却一點也沒有發生抵抗的作用。那麼他們對歷史的貢獻在哪裏呢？

中共指導下的中國大陸的歷史教育，長期的鼓吹肯定一切的造反行動，否定一切的和平改良，對於歷史上一切致力於謀求安定團結的政治家與思想家，也都一概以一項「階級調和論」的帽子把他們否定掉。在這樣的教育指導下，紅衞兵們的文革暴行，毋寧說是必然的產物。想紅衞兵們當年，堅決的要「打倒官僚主義！打倒腐敗的當權派！」多麼有勁啊！能說他們不是革命嗎？他們的風格難道不比黃巢與李自成們還稍微高一點嗎？可是他們同樣亂鬪亂殺，濫事破壞，也同樣沒有推動歷史的有利發展——因爲根本投錯了方向。

而現在是要搞「五講四美」了。走在成都街上，可以看到很多關於「五講四美」的標語。但怎樣才算「心靈美」呢？繼續主張「造反有理」的心靈美不美呢？實在使人無法回答。像黃巢、張獻忠這樣動輒屠滅整個城鎮的人的心靈是美還是不美呢？公然宣稱「陽謀」而失大信於天下的人的心靈又是美還是不美呢？爲了不甘居於第二線而不惜掀起全國暴亂的人的心靈又美在哪裏呢？當今大陸出版的思想史與文學史的書籍裏，對於主張博愛思想的思想家與文學家們仍在繼續貶斥。對於凡人皆有共同的人性與善端這一點，仍在繼續否認。對於黃巢、張獻忠這樣的人物，仍然要爲他們的殘暴而加以粉刷掩蓋。韋莊的《秦婦吟》中以親身所見記錄了黃巢軍隊的一些殘暴事跡，結果被否定的是韋莊。黃巢則像是戴着神聖的光圈一樣的不容任何指責。甚至，對於文學作品中所謂「出身好」的英雄人物的殘暴行爲，也仍然要盲目的肯定。例如對於李逵的殘殺嬰兒、動輒屠殺全家的行爲，從來沒看到任何指責，只見千篇一律的對他加以肯定與讚美。凡此種種，在這樣情形下，「五講四美」又怎樣講得起來呢？年輕人的道德覺醒又如何能建立呢？我深望由於「五講四美」的提倡，而能使大陸的新一代人民對這些問題有進一步的思考與反省後的新的結論。

講到文史教育問題，正好言歸正傳。

當天下午，我被安排赴四川大學與該校中文系及歷史系教授座談。既入室，見在座大都是上了年紀的老教授。主持座談的老先生就坐在我旁邊，遂首先請教他的大名，一問之下，原來乃是繆鉞先生。他正要把名字寫給我看，我立刻告訴他：「繆老前輩我是早已久仰了。您的大著《詩詞散論》我在中學時候就已讀過，很欽佩。」他一聽我早已讀過他那四十年前所著而在大陸已絕版多年的著作，顯得十分高興。舉座各人對我就也有點「肅然起敬」的味道。

繆先生年約八十，身材瘦小，穿一件中式的棉襖，手扶手杖，面目清瘦。我問到他對王國維的評價（《詩詞散論》中所論）有沒有改變？他想了一下，很堅定的說：「沒有，沒有變。還是一樣，還是一樣！」繆先生《詩詞散論》中論王國維與李商隱的兩篇文章，分別是我所見關於王國維與李商隱的論文中最精采的之一，所以雖讀於二十六、七年前，猶感印象深刻。

座談會中，除由我講述了臺灣文學發展概略外，以由數位教授分別介紹了四川大學中文、歷史兩系的情形，四川歷代主要詩人，及四川省當前的文史研究情況爲主。出席座談者除繆教授外，有童思正、成思元、程善楷、陶道恕等十餘位先生。

四川大學歷史悠久，其前身是清末（一九〇五年）成立的四川高等師範。民國成立後改大學，陸續設立了文、理、法、農、工、師範六個學院。到中共建政後，法學院即首先被取消，現在則只剩文、理兩院。它的中文、歷史兩系擁有過一些著名的學者，如史學家蒙文通、徐中舒，美學家朱光潛，文學史家劉大杰等均曾在此執教。而當前「最爲老師」的則恐怕就是繆鉞先生了。

談到歷代生長或曾寓居於四川的著名詩人，陶道恕先生列舉了二十三人，計在漢有司馬相如與揚雄，在唐除李白、杜甫外，高適與岑參亦曾入蜀，在宋有三蘇、陸游與范成大，在元有虞集，在明有楊慎，在清有張船山與趙熙。民國時代則舊體詩人有吳芳吉與吳宓。新詩人有郭沫若與何其芳。當前較著名之新詩人則有流沙河、傅仇、梁上泉與雁翼四人。

惟杜甫、高適、岑參、陸游、范成大，均是曾客寓四川而已。李白雖非生於四川，幼年及少年時均在四川成長，可以算他四川詩人吧。三蘇中則蘇老泉不擅於詩。這樣，四川籍的歷代名詩人就只有十七個了。但我想唐代的陳子昂與宋代的唐庚，應予補入。協助建立前蜀而卒於四川的韋莊也許也可以算上，新詩人則據我所知還有寫作於四十年代的女詩人陳敬容，寫作於五十年代的沙鷗，及最近崛起的青年詩人駱耕野。另外，卒於臺灣的著名新詩人覃子豪也是四川人。那麼，歷代古今四川的著名詩人一共是二十四個，其中新詩人佔了十個。而當前，四川一億人口，連駱耕野在內，只有五個較出色的詩人，實在是少了一點。

談到新詩，他們知道我對新詩花了一點時間在研究，座中一位較年輕的先生就說：「郭老（郭沫若）的故居也在不遠，建了紀念館，高先生可以去看看。」我說：「對不起，郭老其人我不欽佩的。他又是什麼『史大林爺爺』啦，又是什麼『飛機裏外出了兩個太陽』啦，江青上臺又大捧江青，江青一垮又馬上大罵江青……實在不知怎麼回事。這個人，算了吧！我可沒興趣看他的故居。」我這樣說了，一時除了這位研究郭沫若為專業的先生外，大家都會心的笑了起來。看來評價自在人心，儘管中共黨方捧他，一般人在心裏對「郭老」可沒什麼好印象。

猶記前年春我在臺北一本雜誌上發表了一篇五四時期新詩選析，其中列入了郭沫若詩，也對他做了嚴正的批評，可說是以提出批評為主。結果該書被查禁，查禁的理由之一是「刊有郭沫若詩」。但羅青所編《小詩三百首》，選了好幾首郭沫若詩，由於把郭的名字換掉了，就沒有被禁。我想重要的應該是作出嚴正的批評，而不是掩蓋或抹殺。

座談既畢，晚間，閒步街頭。街頭十分的冷寂，只偶然有一、二處燈火如豆的小食攤，賣一些只加辣椒與青菜的素麵，還不如西安還有那麼一點夜市。雖然月光照在錦江清澈的水上很有點美感，却是美得分外的落寞淒涼……。

二、武侯祠記

十一月二十五日，上午首先往遊武侯祠。「丞相祠堂何處尋？錦官城外柏森森」，小時候讀杜甫這首詩，印象早已非常深刻，而《三國演義》也是我生平最愛讀的小說。今日親臨此地，實在感到非常的高興。

武侯祠其實包括武侯祠與昭烈廟兩所相連的廟園，大門上掛的是「漢昭烈廟」匾額，但「諸葛大名垂宇宙」，早已蓋過了劉備，一般遂以「武侯祠」作爲這兩所相連的廟園的總稱。但今日的武侯祠，已非杜甫所見的舊貌，乃是清康熙十一年（一六七二）在明末毀於戰火的舊址上重建而成。

當日陽光和煦，既抵，地勢開朗。一進大門，綠蔭如蓋，極目遠視，殿宇深邃。但見竹樹葱籠，古柏蒼翠，園林淸麗幽雅。大門至二門間，矗立着唐、明、淸石碑六通，皆有碑亭護罩。其中的唐碑是唐憲宗時宰相裴度所撰的《蜀丞相諸葛武侯祠堂碑》，柳公權書寫，魯建鐫刻，距今已一千一百七十餘年。因文章、書法、刻技均精，有「三絕碑」之譽。

入二門後，爲劉備殿，高大寬敞，氣勢雄偉。中楹懸「業紹高光」匾額。殿中供有高達三公尺的劉備貼金座像。劉備頭戴垂有九道冕旒的平天冠，寬袍大袖，容貌莊嚴謙和，蓄有五綹長髯。我注意了一下他的耳朶，雖然耳垂較長，却並沒有弄成小說中所說的「耳長垂肩」的怪相。像右邊另有劉備之孫劉諶像。殿內兩壁有岳飛所書《出師表》的木刻，字跡英氣勃勃，健拔無比，眞有氣韻飛動，流轉如神之勢。殿兩旁有東西偏殿，分供關羽與張飛。關羽的像，實大出意外，完全不是一般傳說的紅面長髯、臥蠶眉、丹鳳眼，而是與劉備相似的五綹長髯，面容爲正常顏色的老生模樣。關羽像兩側有其子關平、關興及部將趙累、周倉之像。張飛像則與傳說相同，黑面虬髯，豹頭環眼，令人望而生畏。其側有其子張苞及孫張遵之像。

從二門至劉備殿，兩側有文武廊房，形成一套嚴整的四合建築結構。右爲文臣廊，有龐統、簡雍、呂凱、傅肜、費禕、董和、鄧芝、陳震、蔣琬、董允、秦宓、楊洪、馬良、程畿十四人塑像，左廊爲武將廊，有趙雲、孫乾、張翼、馬超、王平、姜維、黃忠、廖化、向寵、傅愈、馬忠、張嶷、張南、馮習十四人塑像。所塑均甚生動，爲清康熙初年重建祠廟時所塑，現已重加裝描，鮮艷如新。

過劉備殿後，是爲過廳，也就是諸葛亮殿的門廳。而對着它的劉備殿背面門兩側，就懸有「伯仲之間見伊呂，指揮若定失曹蕭」的杜甫寫諸葛亮的詩句對聯。過廳門上懸「武侯祠」横額。兩側有對聯曰：「三顧頻煩天下計；一番晤對古今情」，爲董必武撰書，上聯取杜詩而另配下聯，尚稱工妙。「武侯祠」横額則爲郭沫若所書。他並沒有簽名，這倒可說有自知之明，知道他不够資格來題這匾。誰有資格呢？思之思之，當世實無其人矣。

過廳內，有「伯仲伊呂」匾額，出門，又有徐悲鴻所書「萬古雲霄一羽毛」横額。背面之門兩側，聯曰：「親賢臣，國乃興，當年三顧頻煩，始延得漢家正統。濟大事，人爲本，今日四方靡騁，願佑兹蜀部遺黎」。爲清光緒甲辰馮煦所撰，今人郝謙補書。此聯含義深厚，與他聯頗感不同。

穿過了過廳，就終於到了諸葛亮殿。有鐘樓鼓樓分峙殿之兩角。殿前高懸「名垂宇宙」匾額，爲清康熙帝十七子果親王允禮所題。入殿，中有「靜遠堂」匾額，又有「勛高管樂」、「伊周經濟」等匾。諸葛孔明端坐殿中，綸巾羽扇、玉面長髯、凝目沉思、雍容持重，似乎正全盤籌算着軍國大計而已成竹在胸，給人以充分的可以信賴的敬仰感。像亦全身貼金。殿兩側還有諸葛瞻與諸葛尚的塑像。殿後壁上則嵌有明清石刻《隆中對》、前後《出師表》和杜甫《蜀相》、《古柏行》等詩篇，琳瑯滿目。

從諸葛亮殿向西，有方池，水甚清，過小橋、翠亭，穿過寫着「中有漢家雲」的月洞門，就進入了一條竹蔭遮日、曲徑幽深的紅牆夾道，走在裏面，直覺古意盎然，也非常的有詩意。走到盡頭，就是史稱「惠陵」的劉備之墓。從他死後，即自白帝城還葬於此，已一千七百餘年。墓相當簡樸，墓前享殿也不過亭子般大，大致符合劉備生前的風格。

出了惠陵，繞過照壁，就到了參觀的終點——一座新建的宮殿式的武侯祠文物陳列室。它以圖表及文物資料表現諸葛亮在政治、經濟、軍事等方面的傑出才能，展現了他爲謀求天下統一，勤奮操勞、鞠躬盡瘁的一生。爲遊客們提供了最後的回顧與總結。

諸葛亮，可說是中國歷史上最受歷代人民崇敬的人物之一。如果要作個民意普查，選出十個最受中國歷代人民普遍敬仰的歷史人物，我相信會有諸葛亮一席。這十個人，依我估計，他們應該是大禹、孔子、老子、孟子、屈原、諸葛亮、李白、杜甫、岳飛與孫中山。

以上十人，也正是在中國各地分別由歷代人民建立祠廟紀念着的。我這次大陸之行，就先後訪謁了武侯祠、杜甫草堂、武昌的屈原紀念堂（行吟閣）、南京的中山陵、杭州的岳王廟、和紹興的大禹陵。

諸葛亮究竟偉大在哪裏呢？當然，他的聲望，部份是由於「三國演義」中生動的塑造與傳播。但如衆所知，杜甫已稱他爲「大名垂宇宙」，可見他在唐代時就已備受敬仰，他的聲望不是靠「三國演義」才造成的。事實上，儘管他廟裏的匾額聯語一再稱他爲「伯仲伊呂」，而作爲一個政治家，他所達成的成績其實是比不上伊尹或周公的；作爲一個軍事家，他所完成的勳業也比不上姜太公（呂望）或郭子儀。就著作而論，他的《出師表》固然是感人至深的好文章，但生平主要只此一篇短文，也還不能算他文學家，在文學上的地位他當然還遠不能與跟他同代而爲敵的曹植相比。然而他在廣大人民心目中的地位，事實上却遠超過上述那五位分別在政治、軍事，與文學上十分傑出的偉人。那麼，其故何在呢？總結來講，可以說，由於長期以來，他的一生既是良臣賢相的典型代表，又是令人艷羡的智慧的化身。他完美的人格與出處之道，既綜合了「隱」與「仕」的兩種理想風範，他在劉備與劉禪父子兩代面前所受到的誠心的尊敬以及他對權力的光明磊落的襟懷，更使歷代知識份子爲之感到揚眉吐氣而要認他爲最有代表性的願望象徵。他與劉備的關係，既體現了孟子所說的「將大有爲之君，必有所不召之臣」的要求，他的一生事業，更是歷代儒家所尋求的「以師教君，以德抗位」的理想的實現。所以，有人以爲諸葛亮受到歷代人民推崇，要點之一是由於要發揚「鞠躬盡瘁，效忠漢室」的「封建忠臣」的形象，以致受到歷代「封建統治者」與「封建文人」的鼓吹。其實不然，我看正好相反。他之所以廣受敬仰欽羡，正好是由於他能以其完美的智慧、知識與人格而使得最高權力者心甘情願的向他低頭致敬，先後接受他的指導與事實上的領導。他既是才德兼備、學識卓越、智慧高超，具有一切知識份子應有的優點，而又是獲得全面授權的，得到充分發展才能的機會。而他的執政又是堅持理想的，他既絕不搞個人崇拜，絕無個人野心——他有足够的機會自己爲王而絕無此念，這是不能以「效忠劉氏」來籠蓋的，而是顯示了他爲事業理想而絕不爲個人私利的道德風範；在三國鬪爭如此激烈的時代，也只有他，堅持絕不搞特務政治（十幾年前費海璣先生有專文說明此點）。他堅持要建立的是一個淳厚的社會，堅持要以仁義來統一天下。

然則，諸葛亮所代表的意義：「以師教君，以德抗位」理想的實現；諸葛亮所領導下的「四個堅持」：堅持不搞個人崇拜、堅持不搞特務政治、堅持建立一個淳厚的社會、堅持要以仁義來統一天下。也正是他所留給後世的永恒遺產吧！

三、杜甫草堂

遊武侯祠既畢，原擬卽赴杜甫草堂。昨天在四川大學座談會上得知詩人流沙河與傅仇住在成都，極想一會，但時間極有限，遂請接待人員約他們在杜甫草堂相會，草堂會詩人，應該最相宜不過。但成都接待當局知我也研究過中國畫史，還出版了一本《中國繪畫史導論》，就臨時又安排我要去見幾位畫家。車子就先開到了成都文史館。

各地的文史館都是安頓一些搞國學舊聞的老知識份子的地方。及抵，有平房三間及一間小會客室。入內，有老畫家張采芹先生與趙完璧先生、李金彝先生三人在座。張采老已八十高齡，身材甚矮，圓圓的臉，感覺很有點像相傳爲宋朝石恪所繪的「二祖調心圖」中那個禪宗老和尚。趙先生與李先生亦滿頭白髮，約七十餘歲。他們各帶了一些他們的作品給我觀賞，張采老並帶了昔年他與張大千合作的畫，還有黃君璧與徐悲鴻送給他的畫及謝无量送給他的詩箋等給我看。張采老以畫花鳥著名，生平尤喜畫竹。故謝无量贈他的詩中有「殷勤爲寫竹千竿」之句。趙先生畫仕女，李先生畫山水，亦各有造詣。一時交談甚歡，因限於時間促迫，只得匆匆告別。臨別，采老又出其近作墨竹一幅爲贈，圖中除墨竹外並有設色竹笋多枝，意趣清新，題曰：「無數春笋滿林生」，「辛酉十月寫杜工部詩意以奉高準先生教正」，除名章外，並蓋有「采芹八十以後作」及「虛心高節」之圖章。十分珍貴。我幸好身上帶了一枚在泰山買的石印，遂以之奉呈采老爲謝。

匆匆趕到杜甫草堂，已較預定到達時間遲了很多。遍找不見流沙河與傳仇兩人，經探問，知他們因久候不見我到，已於十分鐘前離去。失之交臂，實屬遺憾之至。

杜甫草堂爲杜甫在蜀時所居地之遺址，唐末韋莊入蜀，首先尋得舊址，蓋了一間小小的茅屋。到北宋神宗元豐中呂大防知成都府，乃在故址重建草堂，南宋、元、明、清代均曾多次培修，主要是明弘治十三年（一五〇〇）和清嘉慶十六年（一八一一）兩次修建，大體奠定了現在的規模。民國以來，甚爲殘破。到中共建政後，於一九五四年重建杜工部祠，並整理園容、培植花木，一九六一年起與武侯祠都已列爲全國重點文物保護單位。在文革時期似乎並沒有遭到什麼騷擾。（文革時成都被毀的古跡主要是市中心劉備時代遺留下來的皇城，被整個炸掉，改建了一所大禮堂。）現在草堂總面積達三百畝。

草堂地傍浣花溪，大門有瓦檐廊柱，式樣樸實大方，別有風味，使人覺得就應該是這樣。門上懸「草堂」兩字匾額，是集清代果親王墨跡而成，兩邊懸對聯：「萬里橋西宅，百花潭北莊」，是杜甫自己寫他這居宅的詩句，由現代書法家馬公愚所書。匾聯均筆力渾厚蒼勁，與中國古式木結構大門相應襯托，分外顯得古樸莊重。

入大門後，有兩棵大榕樹，濃蔭遮天，枝葉甚茂。跨過石橋，下有秋水一泓，兩邊翠竹森森，楠樹冥冥。復前，有梅樹數十棵，可惜不是開花的季節。過梅林後有屋曰「大廨」，內有兩面楠木屏風，一面是杜甫生平的介紹，一面是國畫「杜甫草堂圖」。壁上有清人顧復初所撰的著名對聯：「異代不同時，問如此江山，龍蜷虎臥幾詩客；先生亦流寓，有長流天地，月白風清一草堂」，由近代書法家邵章補書。邵章爲清代翰林，五十年代初任中央文史館館長。

過了「大廨」，是「詩史堂」，有前後兩進。前廳舉行着杜甫詩意畫展，陳列當代國畫家作品，包括齊白石、徐悲鴻、傅抱石、潘天壽等名家甚多，詩畫相配，意趣盎然。後進有杜甫塑像及歷代石刻杜甫像拓片，還置有材料講究的桌椅，似乎可以兼作貴賓招待室或會議室之用。杜甫立像由當代雕塑家余庠所造，拈鬚行吟，容貌清瘦，顯示出憂國憂民的詩聖風範。堂前有一付對聯，上聯曰：「詩有千秋，南來尋丞相祠堂，一樣大名垂宇宙」，相傳爲清人沈壽榕所撰，當時無人可對。過了很久才有一位佚名秀才對出了下聯曰：「橋通萬里，東去問襄陽耆舊，幾人相憶在江樓。」聯由葉公綽所書。

出堂後有小橋至「柴門」，橋下有一曲清淺。過「柴門」後就是「工部祠」。「工部祠」式樣樸實無華，與宮殿式者大有不同。周圍濃蔭蔽覆。「工部祠」三字爲小篆體，書者李植，是辛亥革命時同盟會會員，亦是傑出書法家，字如鐵劃銀鈎，極爲美麗。廊柱上有聯曰：「錦水春風公占却；草堂人日我歸來」，爲清代書法家何紹基所撰書。入廊下，室門兩側又有一聯，爲清王壬清所撰而由老舍補書的，聯曰：「自許詩成風雨驚，將平生硬語愁吟，開得宗賢兩派；莫言地僻經過少，看今日寒泉配食，還同吳郡三高」。原來「工部祠」中除杜甫外，尚有黃庭堅與陸游二人配祀。此聯中的「吳郡三高」，卽是將杜、黃、陸三人比擬爲吳郡吳江縣「三高祠」中的范蠡、張翰與陸龜蒙三人。事實上，杜、黃、陸三人當然要比范、張、陸三人更高得多了。

旣入室，中爲清代所塑杜甫像，兩旁黃庭堅、陸游之像在焉。還有明代杜甫像刻石及清代「少陵草堂圖」刻石。黃庭堅與陸游何以在內呢？蓋因陸游亦曾入蜀，其愛國精神亦可繼杜甫而無愧，所以在淸嘉慶年間重修草堂時就把他放進去了。後來覺得杜甫旁邊一面放了陸游，另一面還缺一個，而黃庭堅雖未入蜀，却被認爲得杜甫之詩法，於是到光緒十年就把黃庭堅也加進去了。所以室內杜甫像旁之聯曰：「荒江結屋公千古；異代升堂宋兩賢。」此聯爲清錢保塘所撰，由商衍鎏補書。

出了「工部祠」，東面不遠，就見到常受遊客攝影留念的那所茅草覆頂的碑亭，亭旁茂林圍繞，亭內立着「少陵草堂」石碑，碑爲清果親王允禮於雍正十二年送達賴喇嘛還西藏，道經成都謁草堂時所題。以往我見到它的照片，還以爲杜甫草堂就是這一小亭子而已，今親臨此地，才知它不過是其中最小的一景罷了。當然我也在它的前面照了相。

在詩史堂前的另一邊，另有一門，題曰「花徑」，門內影壁上有以青花瓷片鑲嵌而成「草堂」兩個大字，每字有一公尺見方，「花徑」的夾道一頭也可通到祠堂，另一邊則有一九五四年整修時擴建的花園，有玉蘭、海棠、月桂、山茶等花木甚多，並有池塘亭榭，亦堪玩賞。

在「工部祠」與「詩史堂」東西兩側，還有分別叫「草堂書屋」及「恰受航軒」的陳列室，陳列着歷代的杜詩版本及外語譯本。

整個草堂的建築大都是木質結構，形體適量，粉牆青瓦，門窗柱枋均爲淡褐色，風格質樸雅潔。我以前見到的中國建築幾乎都是宮殿式及華麗的廟宇式的，總覺得與中國的古典詩及山水畫實在有點不大相襯，常感納悶。今既遊杜甫草堂，才知中國的民間建築確實與詩及畫有着共同的氣質，它是這樣的平易近人，它是這樣的能與自然相溝通，眞令人徘徊留連不忍遽去。

四、都江堰行

在成都的時間被擠得十分緊迫。來時的飛機既在西安誤了一天，而自重慶下三峽的船期也不能更改，當晚就要乘夜車去重慶。吃了已誤時的午飯後，就急忙趕赴都江堰。

都江堰在灌縣，位於岷江中游，距成都車行約一小時餘，號稱「天下幽」的道教聖地青城山就在近旁。本來，都江堰與青城山原可共作一日勝遊。但現在我在成都已只剩這半天時間，當然無法並去。原想多留兩天，把青城山及正在建造李白紀念館的李白童年居住地江油縣青蓮鎮也一併遊覽瞻仰，但北京來的陪伴人員小顏却趕着要走。其實這些地方他也沒來過，但他對瞻仰祖國河山好像都沒什麼興趣，只對參加餐宴有興趣。一路跟他談話中，他最感興味的是聽我說到美國脫衣舞的情形。他是北京方面選了來一路陪着我的，總應該有點基本準備吧？但他對臺灣及海外的情形却一無所知，對我個人的經歷也完全茫然。到各地各校參加座談時，校方本來並不知道我是誰，照理應該由他先站起來說個開場白或介紹詞，他却也不知道要這樣做。在陝西師大座談時，開始誰也不講話，因爲都覺得不該由自己先講，結果就這麼乾瞪着很久，弄得相當窘迫。赴四川大學時我就告訴他：「你應該先說開場白」，他才知道了。而臨時却又要我寫個簡歷給他，他好照着唸。對大陸的情況呢，他也都說不出什麼來。而他對大陸作家的情況却幾乎毫無所知，除了知道魯迅和郭沫若之外，對於我所知道的大陸的中青年詩人的名字他好像一個都沒聽過。講馬克斯主義吧，也講不上來，連考茨基的名字他也沒聽過。國民黨老說中共多麼厲害，好像他們眞是無所不知的樣子，而現在，是不是一代不如一代呢？眞不知怎麼回事！

都江堰，如所衆知，爲秦昭襄王末年由蜀郡守李冰及其子所創建。時在西元前二百五十年左右，建成後對四川的農田灌溉貢獻極大。《史記．河渠書》中對都江堰就已作了最早的記載，曰：「蜀守冰，鑿離堆，避沫水之害，穿二江成都之中……用溉田疇之渠以萬億計」。晉常璩的《華陽國志》中更指出李冰築都江堰後，使川西平原「旱則引水浸潤，雨則杜塞水門……水旱從人，不知飢饉，時無荒年，天下謂之天府也。」可見四川被稱爲「天府之國」，正與李冰父子築都江堰是分不開的。後人爲紀念李冰父子，於江邊建有「二王廟」，亦爲當地之勝跡。

車子開過去，上了一個山坡，就先到了「二王廟」，此山是百花嶺，它的南側較矮的就是杜甫詩句「玉壘浮雲變古今」的玉壘山。奔騰而來的岷江就在兩山西側自北而南的流過。江流到此分爲左右兩道，分別稱爲外江與內江，內江則就是當年李冰父子帶領群衆所開闢，玉壘山靠內江的一側均成斷崖，也是李冰父子開鑿而成。其工程最艱巨的地方是南端的寶瓶口，鑿斷山脊，留下一塊巨大的岩石在對面，江水從其間湍湧而出，進入下游的渠道。留入江中的巨岩與江中沙洲相連，稱爲離堆，岩上建有伏龍觀，取「降龍治水」之意。眞正要遊訪李冰的都江古堰，應該要到這裏才對。但因時間關係，後來玉壘山及伏龍觀均未及登臨，只有遠望而已。最近我見到比我早八個月而同樣應作家協會之邀往訪的莊因所寫的遊記，他們沒有去泰山，其他所到之地則與我大致相近。他寫得十分簡略，但可知在各地遊覽點雖不盡同，而他也去了都江堰，却也同樣沒有登臨玉壘山和伏龍觀。大陸的接待人員好像都不大有耐心帶人多作遊訪，最關心的倒是要趕回飯館吃一頓較好的飯，這情形後來在杭州及紹興更是明顯。固然，成都當地的老劉、泰山當地的老侯與西安當地的老范都還是蠻熱心的。

二王廟依山而築，規模宏大，面對岷江和著名的安瀾索橋。我們在山坡上從後面進去，自最後一進往下而走。但見滿山古木疏林，黃葉滿地，層層殿宇，疊降其間。遠處江流潺潺，索橋懸蕩，更遠則群山環繞，秋雲靄靄，眞感詩意溢然。「碧雲天，黃葉地。秋色連波，波上寒煙翠。山映斜陽天接水。芳草無情，更在斜陽外」。正是范文正《蘇幕遮》詞中的意境啊！

二王廟初名崇德廟，還是南北朝南齊時代所建，時爲西元四九四年（那年南齊連換三個年號，所以用中國紀元就很難說了）。到宋代以後，因李冰父子己相繼被勅封爲王，遂稱二王廟。依山拾級而下，後進幾棟亭子都殘破未修，其中原來不知放什麼塑像，反正是沒有了。主殿則有前後兩棟，分祀李冰與李二郎之像。兩座像都是新塑的，均高大魁偉，神采奕奕。李二郎的像是立像，是一個二十來歲的青年，身著藍袍，一手持工具，一手提起袍角，昂首而視，英姿勃勃，恰似正在進行劈山修堰的工作。用大陸上以往習用的詞句來形容的話，該說正是「充分塑造出了工人階級高大的英雄形象」吧！李冰的像則是坐像，身著紫袍，頷下有短鬚，定睛凝思，手持絹圖，彷彿治水方案已了然胸中。

從李冰殿再向前拾階而下，有灌瀾亭，旁邊照牆上寫着「深淘灘，低作堰」六個大字，原來這就是李冰當年綜合他治岷江的體驗而歸納出來的六字訣。我忽然想起「毛主席」氏曾在文革時提出了「深挖洞，廣積糧，不稱霸」的「九字眞言」。而李冰的六字訣至今還有用，毛氏的九字訣却已再也沒人提了。

二王廟的建築也有點特色，除了兩進大殿是一層到頂外，其他房子還很多，都是木造兩層，屋角都翹得非常高，柱子很細。與中原的建築風格顯然有不同之處。

旣下到河邊，就到了安瀾索橋。安瀾索橋歷史亦極悠久，始建年代未詳，宋以前稱爲「珠浦橋」，宋代稱爲「評事橋」，到明末被毁，直到淸嘉慶年間，由當地儒生何先德夫婦倡議並蒐集資料，重建索橋，所以民間又稱之爲「夫妻橋」，建成後，定名爲「安瀾橋」。這座橋，我小時候在當時的《旅行雜誌》上見過它的照片，它以木爲樁，以竹爲纜，上舖木板，旁設翼欄，長達一華里，共有近十個樁架，每兩架之間的索纜都作弧形下垂，飄飄蕩蕩的，那麼長，那麼美。它與臺灣的吊橋不同，不是上下相對的雙弧，而是只有單向下垂的弧，一弧一弧連綿不絕，看來分外靈巧美妙，婀娜多姿，眞是充滿了浪漫的情調，印象十分深刻。

但現在這安瀾索橋已非當年照片上那一座。原來，索橋原位的西半邊現在修了一座「外江閘」。索橋遂被往下游移了百來尺，並把木樁換成了水泥樁，竹纜換成了鋼纜。雖然遠望與原來的外觀仍相去不遠，風味却已大不相同。木樁竹纜那種無限醇美的鄉土古意固然已經煙消雲散，而每兩樁間的下垂弧度也減少了。我來回走了一遍，沒有什麼飄飄蕩蕩的感覺。岸邊那些裝鵝卵石的竹籠也已消失，代替它的是鐵絲的籠子。外江閘只閘住半條江面，只有幾公尺高，上下水位相差甚微，看來不會有什麼很大的功能。而却就任它這麼粗暴的撕裂了這如詩的畫境……。走着走着，心中不覺一陣悵然。像童年的夢般已永遠消逝在塵世裏，美好的事竟都是這樣容易的在時光裏流去……。

草色煙光殘照裏，無言誰會憑欄意？
望斷關河，爭忍凝眸，更與何人說！

（一九八二年十一月十一日至二十九日於美國柏克萊）

長江行脚

長江在宜賓以上稱爲金沙江，於宜賓滙合岷江後乃稱長江；至進入江蘇省境後，又稱揚子江。我的長江旅程，始於重慶，放舟出三峽，抵武漢，再乘飛機至南京。計在重慶一天，江上航行三日，武漢一天，南京半日；時間雖短，却也差不多可算是從「長江頭」到了「長江尾」了。

一、重慶印象

一九八一年十一月廿五日晚間，在成都登上夜車，次日上午到達重慶。下了火車放眼一看，但覺與基隆景色頗爲相似，一出站就被一些低矮的山丘掩住，山丘上散佈着凌亂而破舊的房子。跟乘火車從八堵穿過了「蓬萊第一洞」後所展現的基隆景色像極了。後來在市區裏轉轉，也覺得越看越像，只是比現在的基隆陳舊得多，恰似基隆二十餘年前的風貌。而天氣陰雨綿綿，竟也是那麼相近。

翻過幾個坡，到達重慶人民大禮堂賓館，一眼展現，令人一驚。它與重慶全市其他那些破舊的建築相比，顯得十分突出，可說是我出北京後所見最壯觀的一所大廈。天壇式的大圓頂，伸展着寬廣的兩翼，覆着藍色的琉璃瓦，與白牆紅柱相映，堪稱美侖美奐。據說在五十年代時它被稱爲全國十大建築之一。但走到裏面，則走廊顯得太窄，內部設備也不很講究。

在賓館略事休息，就由當地接待人員陪同遊北溫泉。重慶市區狹小，路也都很窄，濛濛細雨下，更是相當泥濘。出了市區，雨漸停。這到北溫泉的開頭一段，但覺與二十餘年前從新店到龜山的風光很有點相似。再往前行，則覺與當年經桃園赴石門水庫壩址的途中相當的像。那是在一九五五年吧，石門水庫還沒建，壩址的峽谷景色是十分幽麗的，是我最心愛的地方。後來水庫造了就全毀了。那一路則也是這種紅土的地，黃泥路，山野間的植物也那麼相近！恍然竟又回到了那朦朧中的少年時代……。還記得小時候的國語課本裏有一課說在重慶的長江與嘉陵江交滙處，可以見到長江水是黃的，而嘉陵江水則是碧綠的，滙合後還要流相當一段才混成一片。我總想着，嘉陵江的水該與當年石門大嵙崁溪的水一樣的綠吧？現在，車子沿着嘉陵江而行，我趕緊盯着瞧瞧，却見嘉陵江的水也是黃濁一片。不禁頗感失望。

北溫泉一帶地區稱爲北碚，它面對着嘉陵江，背負縉雲山，風景區稱爲北泉公園。既抵，但見入口處立了一堵高高的水泥牆，上面畫着一些花朵。顯然不是爲了要畫這些花才砌這堵牆吧？奇怪，這是幹麼？仔細看看，原來這牆本來是漆毛語錄用的，現在把語錄刷掉了，就暫時這麼改了一下。

進入北泉公園，頗有花木之勝，有小橋流水，溫泉流入池中。其間有四棟佛殿，依山勢而築，三棟爲明代建築，觀音殿則建於淸同治年間。但其中佛像則都已在文革時被毀了。山崖上還有宋代石刻羅漢像，在文革時也被打斷了頭，現在已重新雕製後補裝了上去。無論多麼深山幽谷，文革的傷痕竟是這樣的無所不在……。

回到市區，到市中心「精神堡壘」一帶一逛。這裏人車都非常擁擠。環繞着有好幾棟七、八層高的大樓。有點從前臺北北門口（高架路還沒造之前）的味道。這是我到大陸後第一次有着到達一個商業區的感受。走走，覺得這樣的地帶必然應該有幾家像樣點的餐館和咖啡室才對，却仍沒有。一家都沒有。在大陸各城市旅行，到處都給人這種除賓館外無處可以歇脚的感覺，餐飲業極端衰落。到處都極難見到小飯店。冷飲店、水菓店和咖啡店則更是從來見不到。好像每個人都必須忍着乾渴在街上奔走。

這裏有一家百貨公司，內部有點像臺中市場，却也沒有小吃攤。在走廊一頭的壁上掛了一張很大的美女畫像。我看來看去，根本就是鄧麗君嘛！這位置本來想必是掛毛像的吧，不料現在鄧麗君竟取代了毛的地位。引起我注意的另一項「新生事物」則是路對面另一棟大樓上橫列的兩行大字。每個有窗戶般大的字，分別寫着「重慶市廣告公司」和「四川省彩色攝影沖洗中心」。這在四人幫打倒前當然是不可能有的。但我覺得奇怪的是：大陸上現在還沒有私營企業，除了可以充許一些「個體勞動」的小攤子之外，一切還是「國營」，那麼，廣告公司的業務又當如何展開呢？但願它是民間商業得以開始萌長的一個象徵性的訊號吧！

晚間，導遊人員說一定要上市區內的枇杷山上看看夜景，說：「好看好看，萬點明珠啊！」枇杷山約模就跟基隆公園那山差不多高，上去還要買票。觀賞之下，則燈火實在只能說是稀稀朗朗，也相當暗淡。我心想如果這也叫「萬點明珠」，那麼在圓山看臺北夜景，或在太平山看香港和九龍夜景，就眞不知該用什麼來形容了呢？只是那新建的重慶長江大橋，却還能令人興起一份喜悅。

二十七日晨，赴朝天門碼頭上船。江水極爲混濁，比臺北的基隆河河水有過之而無不及。當然，流經大都市的河水，除了巴黎的塞納河是那麼清澈可愛之外，無論紐約的赫德遜河、倫敦的泰姆士河、羅馬的泰伯河，都是混濁一片。但那些地方都是已到了河流的出海處。而重慶的長江水，距海還有數千里，就已那麼的濁，實在使人感到非常的沮喪。碼頭前的街道距江面有數十公尺遠，據告在半年前長江發大水時，江水竟一直淹到街面。當時水勢之浩無涯際眞不可想像！江水何以會發得那麼大呢？江水又何以會混濁到這般地步呢？歸根結抵，自然要歸因於上游森林遭到嚴重破壞之所致！對森林的濫伐與大破壞，是從一九五八年「大躍進」時開始的。爲了「全民大煉鋼」，到處把樹木大量砍掉當燃料，煉出了大量的廢鐵。而其對自然與水土保持的破壞，却是幾十年也彌補不過來了。

二、汚染的三峽

上了輪船，但見船艙分爲五等。我乘的這艘船未設頭等艙，我住的是二等，在靠船頭部分，二人一間。三等是八人一間，四等就是統艙了，一間約有二十四人。五等則在艙面之下。走廊過道上也有人打草蓆躺着。

船一離開重慶碼頭，就見到有一大股流量龐巨的工業汚水從岸邊流入江中。小時候從上海乘船赴臺灣，總記得那黃浦江深黃的水色，但却還沒有這裏的江水那麼髒。想起那首有名的詞：「我住長江頭，君住長江尾，日日思君不見君，共飲長江水……」宋朝時候的長江水是什麼顏色呢？現在這樣的長江水，可又如何能飲啊？

船順江而下，一路陰雲四合，肅風凛冽。行約半日，經涪陵。涪陵當烏江與長江滙合處，號稱巴東重鎭。從船上看過去，頗有一些樓房，而整個却也都籠罩在一片灰濛濛中，過涪陵後，江面似稍收束，至晚間九時許航抵萬縣停泊。一路並無特出的景觀，但見黃濁的江水與兩岸蒼黃而並不高的山脊，給人相當荒涼而沉悶的壓迫感。自重慶至萬縣，凡三百公里。在將到萬縣前未遠之地，有石寶寨，據稱有清嘉慶時依山壁而築的十一層木質結構的塔形樓亭，木石相銜，層層聯結，瑰麗壯觀，但惜乎時已入夜，未能見到。

從萬縣碼頭上到街道，有百來級臺階。有相當數量穿着粗布衣服的居民在這一段路上叫賣着橘子。但上到街面，却十分蕭條，只有在靠碼頭臺階口有兩家店面開着，整個城主要也只有兩條街，除了稀疏的路燈外，幾乎沒有一點燈火，也幾乎找不到開着的店面，連樓上的窗戶中也沒有燈光。這種淒涼的景色，在臺灣、香港或日本是無論如何也想不出可以比擬的地區的；倒有點像深夜走在紐約那些蓋着百年老屋的狹街上。走到一處較寬的廣場，有幾個一燈熒熒的小攤子，賣着湯圓，吃了一碗，皮子磨得還不壞，却幾乎沒有餡子。

回到船上，船在睡夢中的凌晨二點半就啓航了。早上醒來，但聞艙外人聲嘈雜，趕緊出房一看，原來方才船正經過白帝城，現已到三峽西端的瞿塘峽的入口。迎眼而入，但見兩側高崖聳立，臨江如削，江流已更窄，黃濁的江水相當湍急，船身似欲衝向山壁。正已到了著名的「夔門」。古人所謂「夔門天下雄」正是指此。

惟我既登泰山，又抵三峽，對中國歷代詩詞中的形容詞，確實得到了進一步的認識：這些文人的形容詞句，經過實地體察，應該說，往往不是過於誇張，就是有點妄自尊大。拿泰山來講，它固然充滿了豐富的歷史感，也有一定程度的雄偉，但若要稱之爲「天下第一山」，或動輒以什麼「泰山北斗」來代表最偉大的事物，那就實在眞有點不知天下之大。不用說，它固然絕不能跟珠穆朗瑪峯比，就其山勢本身的雄偉度而言，卽使比之臺灣的玉山，也還頗有遜色。至於這夔門，固然也有它一定的雄險之勢，但要稱之爲「天下雄」，則實在也有點「夜郎自大」。我一見這夔門一帶的景色，陡然就記起昔年乘船經過巴拿馬運河的情景。巴拿馬運河，船自巴拿馬灣駛入後，經過三道閘門，然後也有一段峽谷，劈山而成，其景色就與夔門一帶十分相似。巴拿馬峽長約十公里，比瞿塘峽還長些，而水道比瞿塘峽的江流更窄，所以形勢也顯得更險，水流則碧綠而深不可側，比之這一江高度汚染的濁流，更不可同日而語。而整個三峽，那著名的巫山十二峯，若比之於美國阿里桑那的大峽谷，就也只能是小巫見大巫了。

巫峽與瞿塘峽間有一段三十公里的山舒水緩的流程。巫山西起巫山縣的大寧河，東到巴東縣的官渡口，全長四十公里，跨四川、湖北兩省。它似乎應該是充滿了勝景的畫廊，它是三峽的重心。而以往每想到三峽，總立刻想起《水經注》中美麗的描寫，記載着它的「素湍綠潭，迴清倒影，絕巘多生檉柏，懸泉瀑布，飛漱其間……」記載着它的「晴初霜旦，林寒澗肅，常有高猿長嘯……」記載着它的「巴東三峽巫峽長，猿鳴三聲淚沾裳……。」多麼美麗的詩境啊！我的祖國，我的巫峽，不正應該是這樣的嗎？然而，眞不願相信我的眼睛，我眼前的巫峽（及整個三峽），已完全不是這樣。呈現的仍是一江含泥量極高的深黃的濁水，完全見不到有什麼「素湍綠潭，迴清倒影」的美景，兩岸的山也大都是赭黃一片，根本已無樹林，當然也再沒有什麼「兩岸猿聲啼不住」的了。船上發售的介紹文字中還說它是「蒼翠欲滴，幽深秀麗」，那該是那一年前的事呢？整個三峽是一片無聲的蒼黃，滔滔不盡的是混濁的泥水。只有一處支流的入口處望進去，欣見那人跡少至的溪水却是碧綠的，那溪畔灣入山背後的峽谷也確還透露出「蒼翠欲滴」的秀影。那麼，古代的三峽，該也是那樣的吧？酈道元、李太白時代的三峽，該正是與他們所寫的一樣的吧？是什麼時候變成現在這樣的呢？是什麼時候變成這樣的呢？欲問蒼天，却只有寒風把雙耳吹得發凍。

過巫峽後，已入湖北省境，又有約五十公里兩岸較坦的航程，就到達西陵峽。西陵峽西起秭歸的香溪口，東到宜昌的南津關，計六十六公里。秭歸就是屈原的家鄉，他的故里是秭歸的屈家坪，又名香爐坪，就在濱江的北岸。此處江面較寬，北岸與航道間有一片礁灘。從船上望過去，只見都是些樣式很難看的水泥樓房，一棟傳統式樣的屋子也沒有，只有一片灰蒼蒼的水泥房子臨着一江泥漿般的濁水，完全無法使人感覺到它是有着二千多年歷史而且產生着中國第一位大詩人的古城。在日本，到處都是保存着民族風格的建築與民居，它一方面高度發展着現代交通與工商業，一方面又那麼愛護着、保守着民族的古典特色。郊原上，遍地一定是民族風格的富有詩意的木質建築的住宅，到處都是一片蒼翠，淨潔的街道，清澈的溪水。那奈良的秋天，滿山金黃的樹林裏錚淙着清泉，成羣的麋鹿悠閒的在草地上迎候着人們的愛撫。穿着鮮艷的、衣袖飄逸的婦女們牽着孩子在古典的廊柱間歡樂的散着步……，楚國的秋天不正應該是這樣的嗎？在中國，一定是更美的，一定是更美的！然而，航行千里，沿江每一個居民點，到處只有灰蒼的水泥房子與斑剝的磚牆，籠蓋着那與江水一樣的黃泥刷過似的色彩。到處只有穿着灰藍粗布中山裝的身影，映襯着刻滿了憔悴皺紋的容顏……。

過了屈原故里的屈家坪，就到了王昭君故鄉的香溪口，香溪由北向南注入長江，其溪水據稱是一年四季湛藍碧透的，而且含有香氣。但在船上見不到。看所印的照片，風景確很秀麗，不愧爲千古美人的家鄉。過而未能一睹，眞堪遺憾。爲什麼沒見到的都是美的呢？見到了也許……，書上寫的三峽不也美得要命嗎？而我忽然發覺，沿着三峽，竟還從來沒有修築過一條公路。如果沿江修一條公路一直通過來，一路不是可以多遊覽很多地方嗎？而從沿江的路上觀展三峽，所見形勢也應比船上所見爲好——我見過的所有氣勢壯美的三峽照片全都是從岸上拍的。再說這樣一條路，除了促進旅遊觀光業之外，對於促進交通貨運與沿江的開發建設，自然也會有很大的功能。它的工程也絕不是很困難的事，應該比臺灣的蘇花公路還要容易些。而今，從宜昌直到重慶，除了乘船，竟無沿江直通的道路。中國所需要的建設，實在還不知有多少啊！

過香溪口就入了西陵峽。西陵峽以險灘急流稱着，兩岸山勢則已比巫山更低。西端的峽口處稱爲兵書寶劍峽，是由於北岸石壁上有一疊層次分明的岩石狀如書堆，側旁又有一塊尖石形如利劍，而得名。又有傳說則謂是諸葛亮存放兵書和寶劍的地方，那自然是附會之詞，但也可見諸葛亮之深入民心。過了兵書寶劍峽，是昔年最著名的險灘青灘。據記載，明嘉靖二年（一五二三），此處有危崖崩塌，堆積成灘，故又名新灘。灘中亂石如林，白浪翻滾，水流極急，十分危險。船舶下灘如箭，而上水船則非借助絞灘不能過。但到五十年代以來，爲利於航行，已把灘石都炸掉了。往下游還有另一處險灘崆岭中著名的危礁「對我來」等也已炸除。兼以再往下游出峽後的葛洲壩已經造了起來，水位略有提高。所以現在船過此地固然平穩安全，而另一方面，却也就再沒有什麼可以令人震憾的「歷險」的樂趣了。也許，如果坐帆船的話，仍還可以感受到一份驚險吧！

既出西陵峽，山勢陡然而止，緊接着就到了葛洲壩，時爲下午三點。這時江流既入平野，頓然開闊，到葛洲壩前，已分爲三道。分別稱爲一江、二江及三江。葛洲壩橫斷三道江流，是橫截大江的唯一大壩，也是中國當今的第一大壩，在我到達前約半年長江發大洪水時剛剛造好，它成功的接受了長江特大洪峯的考驗。三道江流中，三江是最窄的一道，過船的閘門也就設在這裏。船入閘後，兩邊閘門一關好，水位就開始下降，降到與下游平齊，就開下閘把船開出來，閘前後水位相差二十二公尺。我雖然在昔年過巴拿馬運河時已有這種有趣的經驗，而今親歷這中國自己建造的第一大壩的過閘航程，心頭不禁仍是十分興奮！

出了葛洲壩後，江流仍合爲一道。這時，江面極爲開闊，比在三峽中猛然闊了好幾倍，兩岸平野，一望無際。「萬里長江橫渡，極目楚天舒！」一到此，才眞正感到長江的偉大啊！

三、江城武漢

出葛洲壩後，即抵宜昌碼頭，上下客貨畢，即又續航。自此到武漢，原來還很遠呢！足足又航行了一天一夜，到次日下午六點才抵達。一路江面廣闊，水流平穩，大江東去不回頭，對於「浩浩蕩蕩」這四個字，頓時獲得了非常具體的感受。航經洞庭湖口時，但見入口兩邊平野上栽植着大片整齊的樹林，「平林漠漠煙如織」的景色就該是這樣吧？不禁令人遐想樹林那邊定該有更美的風光！

旣抵武漢，泊於漢口碼頭，天色已近昏黑。亦有當地接待人員來迎，住入賓館，一路隨着我的伴行人員小顏亦仍與我同住一室。

吃罷晚飯，走出賓館時，有一個中年人穿着與大陸一般人一樣的服裝，跑上來打招呼，說他是從臺灣回來定居的，來了幾個月，聽說我從臺灣來，就想來攀談。我倒是想和他談談。而小顏却立刻把他打發走了，然後對我說：「不必跟他多囉嗦！」怎麼才回來幾個月就變成「不必囉嗦」的了呢？這就是中共幹部的眼光嗎？每想起那人孤獨的背影，不禁一陣悵然。

走到街頭，景況仍與西安及成都等地相若，十分的蕭條而暗淡，幾乎沒有什麼開着的店，到處黑呼呼的，路燈也很稀朗。只有一、二處街角有幾個賣橘子的小販點綴着冷靜幽暗的街市。

次日，十一月三十日。上午首先往遊東湖。東湖在武昌市區東側，湖水湛藍清澈，面積比杭州西湖還要大。但四周除了南面有一座很小的珞珈山之外，周圍沒有什麼山，遊覽點也少，所以儘管當地人自誇說：「西湖那有東湖好？」却實在還是不如西湖好。

東湖的遊覽點主要在行吟閣一帶。行吟閣濱湖而築，是爲紀念大詩人屈原而建。閣有三層，每層有很寬的翠綠琉璃瓦屋簷，式樣優美適當。閣前有屈原石像，站在很高的臺座上，容貌清癯，昂首向天，衣袂飄飄，迎風而立。眞令人仰之彌高，肅然起敬，凝思瞭望，神馳不已。

及入行吟閣，底層內置有屈原故里之黑白照片若干幅，二樓及三樓則空無一物，僅供登臨而已。似乎還應該有些匾額對聯之類，却沒有。旣登樓，瞻望湖光平野，盡收眼底，不禁想起王粲的《登樓賦》：「憑軒檻以遙望兮，向北風而開襟。平原遠而極目兮，蔽荊山之高岑。……惟日月之逾邁兮，俟河淸其未極。冀王道之一平兮，假高衢而騁力。……」望着望着，那微風吹動着湖上的漣漪，正像是複誦着這建安才子的名句。

東湖除行吟閣外，尙有湖光閣與瀕湖畫廊等建築，均在不遠。畫廊中有一些時人所作國畫出售。却就是沒有一處可供飲茶品茗的處所。

離了東湖，卽往參觀辛亥武昌起義時的軍政府舊址。這是爲紀念辛亥革命七十週年而於二個月前才裝修一新、重新開放的。及抵，遙遙卽見一座高大的中山先生銅像矗立門前，中山先生着中式禮服，手執呢帽，岸然而立，面貌莊嚴慈祥。大門兩側則分別張掛着兩巨幅武昌起義時所用的軍旗，是紅底中置放射狀的九角黑色星芒，星芒頂端各有一黃色的圓球，星芒內端則又各有一白色小圓球圍成環狀。這是我以前從來沒有見過的，一眼服去，感到頗能顯示出熱烈奔放的革命氣派。入大門後，是一棟兩層樓的西式紅磚房子，正中是三層。式樣略有點像臺北建國中學正樓的樣子，但要小一些，內部各間分別陳列着辛亥革命及軍政府時期的照片、圖表，各革命人物的有關物品及墨跡等。還有一間禮堂，也仍照當時的樣子陳列着，令人興緬懷之思。

回賓館吃罷午飯，先往武漢長江大橋參觀及留影，大橋自漢陽至武昌，東西橫跨大江之上，橋的兩頭分別是著名的龜山與蛇山。橋分上下兩層，分別通行汽車及火車。在正橋與引橋相連處的巨大橋柱內，設有會客室及簡報室。這四個巨大橋柱的頂端，各建有民族風格的重簷的橋亭。武漢大橋是一九五七年完成的一大工程，也是長江上的第一座大橋。在漢陽這頭經過龜山向北而轉就接上了通往漢口的漢江橋。在武昌那頭的蛇山之麓，則原爲黃鶴樓故址。鼎鼎大名的黃鶴樓原來早已不存在了，它屢建屢毀，最後一次建於同治七年（一八六八），毀於光緒十年（一八八四）。現已籌備重建，地基已經打好。（按：一九八五年已建成，看照片造得相當宏偉。）

漢陽的勝跡有歸元寺和琴臺。歸元寺建於明末，是武漢保存得較好的佛寺，寺名取「方便有多門，歸元無二路」之義。有大雄寶殿、藏經閣、羅漢堂、鐘鼓樓和翠微泉等建築。羅漢堂內有五百羅漢，爲道光年間所塑，文革時幸獲保全。全寺規模相當不小。旣抵，有方丈昌明法師出迎。我對參觀寺廟是有興趣的，但乃從欣賞建築藝術與古跡及感受其寧謐超俗的氣氛爲出發點，對佛教本身可沒什麼興趣。現在當地爲表示已恢復宗教活動，把法師也請出來了。就也只好向他合什爲禮，由他引導觀覽一周而別。大陸的恢復宗教活動，主要是恢復了一些佛教與回教的寺廟及僧侶。對天主教則在不與梵蒂岡掛鈎的條件下開放了極少量的教堂。至於耶穌教（新教各派）及作爲中國國粹的道教則迄今仍在絕跡之中。

繞回龜山近側，抵月湖之濱，有古琴臺在焉。乃伯牙操琴之遺址也。臺爲新近重修，大門式樣古雅，楣之上，有「古琴臺」三字之匾額。門內有幽雅的庭園。踏過「碑廊」，一棟飛檐高啄的大廳展現眼前，是爲主要建築，懸有「高山流水」匾額。廳內空空的，想來可供做小型國樂演奏會之用。廳前空地上有石臺，中有方柱形石碑，上刻「琴臺」兩字，是採用米芾的字跡，爲一九五七年重建琴臺時所立，有古樸雅緻之美。但大廳與各建築均用朱柱、琉璃翠瓦與金字匾額，則頗感與伯牙子期那清操絕俗的風格有很大的距離。廳之側，漢江在望，周圍林木翳翳。繞廳二匝，一個人影也沒有。可不是？伯牙永遠是寂寞的啊，凝望着這寂靜的空氣，煙波澹澹，芳草萋萋。陶潛那首寫到伯牙的詩，不由得在耳際縈縈響起：──

少時壯且厲，撫劍獨行遊。
誰言行遊近，張掖至幽州。
飢食首陽薇，渴飲易水流。
不見相知人，惟見古時丘。
路邊兩高墳，伯牙與莊周。
此士難再得，吾行欲何求！

啊，他是在對我說話嗎？他是在爲我吟唱嗎？山山水水，越洋渡海，生平已不知跋涉了多少路途！東到美國，南抵澳洲，西赴英倫，北越北極圈。從大西洋到太平洋，從印度洋到地中海。永遠是獨來獨往，面對着蒼茫……。衝破雲霧，突破關隘，從夷州到幽州，從幽州到秦川，從淡水到渭水，從渭水到岷江，奔騰在三峽的濁浪裏，凝望在彌衡的鸚鵡洲頭。永遠是迎風而立，展望着塵煙……。我要尋找什麼呀？我能找到什麼呢？路漫漫其脩遠兮，時曖曖其將罷。琴臺的斜影，淡淡的映上了我的足踝。少頃，影子也淡了下去……。

四、鍾山謁陵

十二月一日，自武漢飛南京轉赴上海。南京原未被列入遊程，經要求，遂自南京機場逕赴中山陵一謁後，接乘次班飛機飛滬。

車自機場經市區東側直抵中山陵。展眼一望，鍾山林木葱蘢。陵墓各項建築均用白色花崗石覆以藍色琉璃瓦，十分宏偉莊嚴。旣抵，首先見到的是中山先生的銅像，遙遙面對墓道入口處而立。此像據告原建於南京市中心，於一九六六年遷到此處，像爲全身立像，中山先生着西衣式禮服，一手插腰，作演講狀，神采奕奕。

墓道入口的牌坊，中門橫楣上刻着中山先生手書「博愛」兩字的石額。這兩字在文革時曾被磨掉，現在又重新刻了上去，道間及兩側所種的檜柏、雪松與銀杏，都已長得十分高大了，異常壯觀。墓道長三百餘公尺，北端連接陵門。陵門前有巨大的寶鼎一座，上鐫「智仁勇」三字，是從現在置立銅像的位置上遷過來的。陵門也是白色花崗石所建，有三個拱門，上覆歇山式的藍色琉璃瓦頂，中門上有中山先生手書「天下爲公」石額。「博愛」與「天下爲公」這先後兩方石額，正充分的顯現了中山先生博大的襟懷與崇高的理想，令人油然興無限景仰感動之思。

進入陵門，迎面就是碑亭，相距極近。亭內矗立着一通巨形的花崗石大碑，碑文曰：「中國國民黨葬總理孫先生於此」，下款爲「中華民國十八年六月一日」。這一碑文的寫法則不免未盡妥善，中山先生曾兩度當選大總統，民國十八年時又已追尊爲國父（陵實際上到民國二十二年才完全建成），則無論寫「孫大總統之陵」或「中華民國國父孫先生之陵」，應都要比以上的寫法爲更有氣度，也更具敬意。今一定要把「中國國民黨」五字刻在碑的主文之內，又把「葬」字列入其中，壓在「孫先生」之前，則整個文句「中國國民黨」就成了主詞，而「孫先生」反成了受詞，實有點不合墓碑碑文的常理。

自入陵門，直上到祭堂，均爲石階，石階亦十分寬廣，分爲十段，共三百三十九級。石階盡頭是陵墓最高處的大平臺，亦卽祭堂與墓室之所在。旣登，返身南望，羣峯皆居脚下，陵園景色盡收眼底，峯巒疊翠，松柏蒼蒼，氣象萬千，形勢極爲壯偉。

祭堂就是常在照片上看到的那中山陵主要建築。它的外貌設計我覺得不如陵門與碑亭好，在重檐歇山頂四隅那高聳的方堡式石室，使主體顯得有一種擠迫感，而且從牌坊到陵門與碑亭，都是純中國式的，這主殿則似想來個中西合璧，却揉和得不大理想。祭堂有三拱門，門上額枋上分別鐫刻着「民族」、「民權」、「民生」的篆文，而以「民生」居中。上下檐間之正中，鑲有「天地正氣」直額。含着虔敬的心情，步入祭堂，但見中山先生的白石座像巍然供奉在中央，現在臺北故宮博物院中那中山銅像就是以此模型翻製的。瞻仰這白色大理石的原像，更是無限的莊嚴崇偉。先生身着中式禮服，面目慈祥端莊，手持建國宏偉理想的圖卷，鋪置身上，一種充滿書卷氣息的藹然仁者的聖哲氣度，使人油然而生無限敬仰之情。石像基座上，四側都鐫刻着以中山先生的生平活動爲內容的浮雕。正面的一幅是「如抱赤子」，內容是先生正在爲一個幼兒治病。這一浮雕所顯示的意義實在動人極了，看着看着，不禁熱淚盈眶。我轉身退出殿門，重新從中門進入，肅立像前，恭行三鞠躬禮。大陸一般民衆，現在似乎已不再有行禮的習慣了，他們詫異的看着我。

中山先生手書《建國大綱》全文，鐫刻在東西兩壁的黑色大理石護壁上。座像後的後壁中央是通往墓室的墓門，橫楣上有「浩氣長存」四字。墓室爲圓形，中央爲大理石的圓壙，凹入地面約有一個人的深度，周圍砌着大理石的欄干，式樣略與紐約的美國葛蘭特總統墓相似。壙內就是中山先生安眠的石棺，棺蓋上有身着中山裝的先生臥像，是按逝世的遺體所雕，十分消瘦，望之令人動哀。

靜靜的退出墓室，繼續凝望着祭堂內先生的坐像。想唱一唱《總理紀念歌》，輕聲才哼了兩句，乃不禁悲從中來，哽咽不能成聲。默唸着，這美麗而哀傷的歌：

我們總理，首創革命，革命血如花！
推翻了專制，創建了共和，建立了民主中華。

民國新成，國事如蔴，
總理詳加擘劃，一心建設中華！

三民主義，五權憲法，真理細推求，
一世的辛劳，半生的奔走，為國家犧牲奮鬥！
總理精神，永垂不朽；
如同青天白日，千秋萬世長留……

民生凋敝，國步維艱，禍患猶未已，
休灰了志氣，莫散了團體，大家要團結奮起！
總理遺言，不要忘記：
革命尚未成功，同志仍須努力……

美麗的歌聲，在耳際縈繞。先生的目光，似乎也看了過來。「啊，先生！你要告訴我什麼呢？」而先生的面影，在眼中却漸漸模糊了起來……。

迴首外望，天色又陰暗了下來，莽莽山河，蒼蒼煙靄，似乎在沉默的等待着，等待着一個新的希望……。

（一九八三年三月初旬至五月三十日於美國加州柏克萊）

訪高準談大陸之行

王中

名作家、詩人高準，於去國三載後，四月十八日返抵國門定居，與濶別多年的親友相聚。

高準此次回國，廣泛引起學界、文化界和政界人士的注意。因他曾於一九八一年十一月至十二月，應北京「中國作家協會」的邀請，前往中國大陸訪問一個月。先後到達北京、泰安、西安、成都、重慶、武漢、南京、上海、杭州、紹興等地，足跡遍及大江南北，離開大陸後，發表遊記多篇，敍述訪遊觀點，文中對中共政權提出批評，又充滿民族情感，十分感人。

高準赴大陸訪問後，政府有關方面一度阻撓其回國，最近終獲准返台。他可說是近年來台灣作家公開訪問大陸又能返台之第一人。

高準原籍江蘇金山，為著名詩人，一九七九年曾應邀赴美參加愛荷華大學「中國文學座談會」，會見了中國大陸的作家，也是海峽兩岸作家的首度接觸。一九八一年，高準赴美擔任加州大學中國研究中心研究員，研究中國現代詩的發展。

問：請問你的中國大陸之行，是在什麼動機下促成的？

答：主要是由於研究工作上的需要。我研究中國現代詩的發展（包括海峽兩岸）已有多年。上次抵美後，受聘爲柏克萊加州大學中國研究中心研究員，亦卽以此爲研究主題。該校雖有相當收藏，仍有未足，該中心主任 Dittmer 博士就建議我不妨找機會親自到大陸去一趟，以期找到一些資料。我覺得確實有這個必要，何況，更希望得到機會與一些大陸詩人親自談談話，得到一些直接印象。這是第一點，是「近因」。

但從更長遠根本上來說，則是出於我對中國文化與祖國山河的景仰。我生平景仰孔孟。效法孔孟，周遊列「國」，以發揚正道，是我生平的一大理想，而我對國家前途的總看法，是認爲台灣的前途在促進中國大陸的變化。所以也希望藉此機會，周遊中國各地，以隨機發揚自由思想。對此，我也盡了我的力量，曾當面公然向中共「國務院」的官員提出必須「結束無產階級專政」、「破除馬列毛教條」、「釋放民主人士」等主張多項，使他留下了深刻的印象。

此外，我算是一個詩人。李白是我傾慕的大師。「五嶽尋仙不辭遠，一生好入名山遊」，也正是我所長期傾羨的。作爲一個中國的詩人，不登五嶽怎麼行呢？一生之中至少也要登他一嶽吧？這次我終於能登上了東嶽泰山。泰山是中國的聖山，中國詩人而未登泰山，則就正如回教徒而未能赴麥加、國民黨員（指眞正的中山先生信徒而言）而未能謁中山陵一樣，是死不瞑目的。

問：總結大陸之行，你最大的感想是什麼？

答：我效法孔孟的事也做過了，泰山也登了，中山陵也謁了。除了我的著作尙未完成外，大致已可死而少憾。

中國大陸的情況，總的來講是瘡痍未復。人人似乎都只關心個人眼前的現實，一個英氣勃勃的人也沒見到。所以無論物質面貌與精神面貌都相當差。但比一九七八年以前生活情況，則已稍有改善。中共自一九七九年起，開始進入了一個新階段。就整個中國局勢而論，則可能是在於「未濟」之象。當然，易理深邃。孔子學易，爲之韋編三絕，也尙未臻於貫通。我的理解自然就更有限了。所以也只能視爲姑妄言之而已。

問：現在大陸一般人民對台灣的印象怎樣呢？

答：我碰到的人不是很多，大致講來，都羨慕台灣的富裕及有較多的自由。並且，認爲國外及台灣去的人都是比較有辦法的。我的一些親戚甚至還想託我向一些有關幹部關說，爲他們辦這辦那的。其實，我當然也都辦不了。但似乎也有不少人對台灣充滿了誤解。我在北京近郊的臥佛寺遊覽時，那天並無陪伴人員，就碰到一個青年，問我說：「聽說國民黨是贊成『四人幫』的？」又問說：「台灣國民黨對秦檜評價怎麼樣呢？是不是也反對？聽說是比較推崇他的吧？」我聽了著實大吃一驚，當然立刻鄭重否認。但這也說明我們是多麼需要用更多有效的方法，以糾正大陸青年的錯誤印象。秦檜當年的「基本國策」是「南自南，北自北」，堅決偏安一隅，堅決阻撓一切有利於統一及光復的行動。我們的情況當然不一樣。我這次能於訪遊大陸後又終於順利回來，就是政府走向開明正確的明證。

問：他們對中共的看法怎樣？

答：所有我碰到的人，都訴說在「文革」時遭遇多麼悲慘。毛澤東的「大躍進」與華國鋒的「新躍進」也受到咀咒。其他就不大說。又我在我的《西安訪古》中曾指出，在西安街頭我碰到一個下放回城的青年，告訴我有農民說農村「還不如解放以前呢」。所有的人與我交談的時間都很有限，他們和我不熟，當然不會多講。我見到的親戚，中年一代的，形貌都相當憔悴蒼老，比外面同年齡的人要蒼老得多。我一個舅舅，在一九五七年「反右」時被打成右派，被整了二十二年，到一九七九年才獲摘帽「解放」，我這次會見他時，他是五十四歲，頭髮都經全部禿光了。另一個堂叔，五十三歲，頭髮也已全部禿光。我的父母（在台灣），都已七十開外，頭髮都還很多，可見我父母兩系都並無中年禿髮的遺傳因素。所以，我想他們的容顏就已說明了相當的事實。

問：國民黨一再拒絕中共「三通」的提議，站在學術文化的立場，你對此有何看法？

答：我想我們應該力求主動。凡事不可因爲是對方的「提議」就認爲一定要不得。我們應該反將一軍，透過特設的非以官方名義的民間機構，安排海峽兩岸人民的會親與互訪，以發揚仁義，促進超越障礙的民族情誼，使兩岸人民在親自觀察下，更瞭解台灣的優點，並降低台獨的暗潮。至於學術文化方面，則也要爭取資訊暢達的主動。對大陸所出的學術文化方面較有份量有價值的作品，應主動儘量翻印出版，其中有教條或不當言論之處，則可以用「編者按」或「補註」的方式，藉機加以駁正，以使我們的學者與文化人能對大陸的「行情」瞭如指掌，才能夠超而上之。並且，這也可以發揮出「反統戰」的效果，使他們感到國民黨沒有拋棄他們，只要有較好的作品，我們是「大海不捐細流」

的。則自然會使他們對國民黨漸增好感，而逐漸構成一股無形的龐大向心力。你想想吧，對一個文人學者來講，作品就是他的生命。如果你對他的作品一律禁止而不予容納，他又怎能對你發生好感呢？即使他心裏很討厭中共，也無從對你寄以希望嘛！

問：你去了一趟大陸，終於又獲准返台，有何評論？

答：我上面已經說到，這是政府走向開明政策的明證。我起先回台受阻，達一年餘之久。到去年六月一日，我寫了封信給總統，然後不到兩個月，就得到了獲准回台的消息，隨後由外交部來電舊金山協調處給予回台加簽。但希望我在美國再作一段時間的研究。於是我直到回台加簽效期的最後一天才回到台灣。回台入境很順利。如果沒有蔣總統睿智的關注，我想我也許還沒有那麼快的能實現我的願望。努力尋求以仁義、以三民主義眞精神而促成祖國統一的一切方法的人，無論在政府、在民間，相信都不在少數。子曰：「仁者無敵」，孟子曰：「王不待大」。民族、民權、民生，無非均需以仁義爲之根。故行仁義則三民主義自在其中。徠遠人、尊賢才，則四方歸之；順乎人情、發揚德治、去無謂之禁忌，則天下歸心。

中國大陸，自「秦皇」既死，中共繼政者，如果足够聰明，則必行黃老之道。（事實上現已開始朝此發展了，華國鋒即因未能順此發展而被迫下台。）然而黃老行之既久，則必然歸於儒學之再振。蓋國用法術（法家）則強，強久則僵，僵則折，於是必須繼用道術（黃老）以柔之。國用黃老則富，富久則腐，乃又必須繼用儒術以振之。國用儒術則盛，並可較長期的維持不墜，惟盛久則迂，於是屆時就須復以法術矯之。這是我歸納而得的中國政治學循環定律。以此來說，中共比台灣正好是差了一個階段。台灣在五十年代初期及中期，以軍法爲治，所操持者雖近法術，而自五十年代後期以來，則能掌握形勢，所操之術，轉近黃老。所謂黃老，就是在經濟上放任，促其自由發展；而在政治上則鎭之以靜，不遑興革；文化上則挾書之令未能盡除，政府對文化也未作什麼積極建設。然而這一套既已搞了二十七、八年，富久則腐，而心靈空虛，政治的興革更到了迫切的階段。故必須卽行轉而進入發揚仁義、建設文化、除挾書之令、以民意爲天、普行社會福利的儒術之治，才能繼續順利發展。我們既比大陸的發展早一個階段，則若能及時掌握形勢，並以種種方法使大陸人民及幹部有所瞭解，則遲早將聞風響應。有厚望焉。

（一九八四、五、五）

高準寫作年表

一九三八年　十二月二十三日生於上海市。父親高啓明是建築師。祖父高平子，是天文曆學家。

一九四三年　五歲。入上海進德小學一年級。

一九四四年　六歲。因多病休學。由家庭教師講授父親所編的淺近文言文讀本。

一九四五年　七歲。四、五月起患病臥床不能行動約一年半。年底父親到臺灣任職。

一九四六年　八歲。九月，隨母親自上海赴臺灣。年底病癒。住在臺北東門町的日本房屋。那時周圍尚多稻田，門前不遠有清澈的水渠，頗有郊野情趣。

一九四七年　九歲。由母親授讀唐詩和《古文觀止》。九月，隨母親自基隆回上海，轉赴杭州居住，入杭州弘道小學。對西湖景色留下深刻的印象。

一九四八年　十歲。二月，自杭州返上海，五月底自上海乘輪船再度抵臺，在臺北原址定居。入臺北國語實驗小學。年底祖父母來臺同住。

一九五〇年　十二歲。小學畢業，考入師大附中實驗班。

一九五二年　十四歲。因愛慕當時的國文老師，細讀《辭源》並手抄重要詞語註釋數千條，結果數學不及格，遭留級。

一九五三年　十五歲。讀羅曼羅蘭《英雄三傳》及朱光潛美學著作，留下深刻印象。又於友人處借讀到老舍、曹禺等人的作品。

一九五四年　十六歲。讀孫中山《三民主義》講演本，對其中很多問題引起長期的思考。

一九五五年　十七歲。讀《胡適文存》，留下較深印象。開始寫新詩，並搜讀了當時能找到的徐志摩、朱自清、劉大白等人的全部詩文。暑假起熱心於畫水彩畫。秋季入實驗班文組，十一月，與同班學友創辦油印刊物《文心》雙月刊，共出五期，主編第一至四期。年末至次年春，又細讀了覃子豪與紀弦的詩集，引起對怎樣寫詩的長期思考。又因爲覺得新詩與古典的「詞」形式上比較接近，細讀了唐五代兩宋各家的詞選。

一九五六年　十八歲。一月，水彩畫五幅展出於「新綠水彩畫展」。暑假，參加脚踏車長征隊，縱貫臺灣島，歸來寫散文《幼獅的夏天》，是現存最早的一篇遊記。本年內細讀了《論語》及《孟子》，欽佩孟子的氣概。本年所作新詩《醒》後來被選入《中國新詩選》。

一九五七年　十九歲。讀梁啓超《飲冰室文集》，頗受激勵。五月，有「五二四事件」，美軍在臺殺人無罪，甚爲憤慨，有志研習政理。高中畢業，以第一名考入臺大政治學系。當選臺大一年級學生代表會主席。九月，所作水彩畫入選「全國美展」。

一九五八年　二十歲。擔任學生刊物《大學時代》主編及《海洋詩刊》編委。暑假自霧社徒步登合歡山，歸來寫詩《在山之巔》及遊記《山的心影》，後者後來被選入文藝界爲慶祝開國六十年而編的《六十年散文選》。

一九五九年　二十一歲。主編《臺大青年》。讀《資治通鑑》，對其中「臣光曰」所透發的專制氣息頗感不能忍受，未能讀畢。水彩畫選入「自由中國美展」。

一九六〇年　二十二歲。三月，撰《略論臺灣人口問題》參加校內演講比賽以響應蔣夢麟所提出的節制人口的主張，被負責黨務的評判先生倒扣分數。暑假，在臺中受入伍軍訓三個月，深感痛惡。在營中痛讀黃梨洲《明夷待訪錄》及穆勒《自由論》。本年暑假起未再畫水彩畫。上年所作新詩二首選入臺灣文藝界所編的《十年詩選》。

一九六一年　二十三歲。三月，以《三月在海上》一詩（後改題爲《三月奏鳴曲》）獲得中國青年寫作協會全國文藝徵文詩歌獎。四月，出版第一本詩集《丁香結》，獲文藝理論家虞君質教授撰文推介。六月，臺大畢業。在臺大期間先後受教於薩孟武（政治學）、勞榦（中國通史）、龍冠海（社會學）、沈乃正（各國政府及政治）、陳國新（西洋政治思想史）、曾繁康（中國政治思想史）等先生。又曾在中文系及外文系選修文學課程。暑假，撰《論孔孟荀政治思想異同》長文。十月，入憲兵學校受訓。

一九六二年　二十四歲。二至十月在臺南服兵役，擔任文書工作，較清閒，細讀中國文學史、中國政治思想史、陶詩、杜詩及李義山詩，又讀比較憲法。退役後以第一名考入中國文化研究所政治學門。

一九六三年　二十五歲。獲得聞一多詩集。暑假，在霧社廬山靜居，細讀《史記》、古典詩多種及聞一多集。其間所寫散文《霧社廬山記》及新詩《白燭詠》後來分別被選入大陸出版的《臺灣遊記選》與《臺灣詩選》第一集。新詩《玫瑰》及上年所作《雨》後來被選入《臺灣詩選》第二集。新詩《哀鯨魚》及六一年所作《鼓聲》後來被選入《中國現代詩選》。

一九六四年　二十六歲。細讀《明史》。撰論文《黃梨洲政治思想研究》（後修訂改題爲《反專制主義大師黃梨洲》），六月，獲碩士學位，成績第一。受聘爲中國文化學院講師，擔任政治學課程。十一月，出版詩集《七星山》。暑假參加雪山登山隊，未至峯頂遇雨而返，歸後寫散文《史克蘭溪畔一夜》，後來被選入大陸出版的《臺灣遊記選》。

一九六五年　二十七歲。暑假先後往遊澎湖、蘭嶼及阿里山。阿里山歸後所寫新詩《神木》後來與其他詩篇六首並被選入臺灣文藝界所編《六十年詩歌選》。

一九六六年　二十八歲。二月，徒步旅行中部橫貫公路全程。三月，遊溪頭，歸來撰散文《溪頭月夜的幻想》。秋季起參加李石樵畫室習油畫，此時最欣賞的西洋畫家是梵谷、高更與馬蒂斯。本年至次年先後編寫《政治學講話》約十萬言，由於後來未再擔任政治學課程，未能繼續完稿。

一九六七年 二十九歲。二月，出版《黃梨洲政治思想研究》（初版本），祖父爲它寫了序文。三月，以教學優良獲教育部頒贈「中華文化復興運動青年楷模獎」，隨卽受校方人事排擠。暑假，申請得到美國堪薩斯大學藝術史研究所工作獎學金，九月赴美，自舊金山乘火車到堪薩斯。修習中、西藝術史課程，並擔任助理工作。

一九六八年 三十歲。六月，在堪薩斯工作結束。赴紐約，在哥倫比亞大學藝術學院及紐約藝術學聯畫油畫。十月，乘輪船離美，經巴拿馬運河，渡太平洋，抵日本，遊東京、京都、奈良等地後於十一月底返抵臺灣。在船上寫成關於美國博物館的遊記。在美先後曾遊歷芝加哥、華盛頓、鹽湖城、黃石公園、尼亞加拉、波士頓、聖安東尼奧等地。

一九六九年 三十一歲。二月，自阿里山徒步登玉山。數年後寫了新詩《新高山》及舊體《登玉山吟》各一首。三月起在中國文化學院美術系兼任「藝術欣賞」課程。五月起在國立歷史博物館任研究員。開始撰寫《中國繪畫史導論》。所作油畫選入「全國大專教授美展」、「中國現代畫展」等展覽會。年尾，撰新詩《念故鄉》，後來曾被改編爲歌曲。

一九七〇年 三十二歲。三月，祖父逝世。六月，出版《高準詩抄》，文壇前輩熊式一先生爲撰序文。繪畫選入「全國書畫展」。擬再赴美習畫，受有關機關阻撓。

一九七一年 三十三歲。三月，在國立藝術館舉行個人畫展，展出油畫二十二幅。此後就沒再畫畫。六月，獲「中國新詩學會」詩獎。八月，《中國繪畫史導論》脫稿。九月，應《大學雜誌》主編者之邀聯合撰寫了《國是諍言》，刊於該刊十月號，由十五學人聯合發表。此文引起了很大的注意，成爲臺灣青年代革新運動首發的標誌。

一九七二年　三十四歲。七月，《中國繪畫史導論》出版，獲臺北故宮博物院副院長莊嚴先生爲撰題辭，史學家方豪教授撰序。受聘爲中華學術院藝術史組主任及中國文化學院副教授。擔任中國通史課程。十月至十二月，撰《論中國新詩的風格發展與前途方向》長文（後改題爲《論中國現代詩的流變與前途方向》），提出新詩的「新八不主義」，刊《大學雜誌》十一月至次年二月號，成爲一九七二——七三年掀起的現代詩批判運動中的主要文獻之一。

一九七三年　三十五歲。受中華學術院張其昀先生之命編註《中國古今名詩三百首》於十二月出版（初版本）。同時出版《中國新詩風格發展論》。十一月，出席在臺舉行的「第二屆世界詩人大會」當選評審委員。年底，因獲得到澳洲雪梨大學研究中國新詩發展史的機會，赴香港辦理赴澳手續。

一九七四年　三十六歲。在香港羈留到二月底始辦妥赴澳手續。三月初自香港遊歷泰國及新加坡後抵澳洲雪梨，在雪梨大學東方文學系進修博士班學程，並兼任副教授，講授中文。廣泛閱讀了初期至一九四九年的新詩及五六十年代中國大陸的新詩資料及相關背景的史料。十月，以關懷國勢，撰寫了《論臺灣社會的內部矛盾及其解決之道》的長文（後改題爲《論臺灣社會的革新之道》）

發表於次年一至四月的香港《明報月刊》，總結性並前瞻性的指出了臺灣社會在整個七十年代所存在的問題。十月底起開始構思詩篇《中國萬歲交響曲》，至一九七六年十月底修改完稿（後來於一九八〇年復有增補）。

一九七五年　三十七歲。年初返臺省親，二月底復囘雪梨。繼續研究新詩問題，並閱讀了中國近代詩的資料。十一月，結束博士班學程，獲雪梨大學系主任的推薦，赴英國劍橋大學訪問，經意大利遊羅馬、翡冷翠、威尼斯後抵英。獲選爲劍橋大學副院士。同月初，撰寫了《對中國歷史與前途的幾點體察》一文，次年修訂完稿，擱置到一九八四年而再略增後由編者以《中國何不採行聯邦制》發表於臺灣。在澳洲期間曾先後遊歷崁貝拉、墨爾鉢、愛德蘭等地。

一九七六年　三十八歲。年初自英國赴法國巴黎、都爾等地遊覽後仍囘英國。受不了英國的天氣，擬返臺繼續論文。二月初，自英倫飛經北極圈及阿拉斯加抵日本東京，轉赴京都，在京都大學人文研究圖書館閱讀，並遊歷日光、鎌倉、廣島等地。三月底乘船抵琉球後飛返臺灣。運囘之論文資料均被扣，經多方申請發還，無效。論文遂無從進行。暑假，應邀赴臺南「南瀛文藝營」講演，撰《南瀛之行——向楊逵致敬》的短文，推崇不向權威低頭、親自耕作爲生的愛國鄉土老作家楊逵。秋季，受聘爲中國文化學院碩士班指導教授。

一九七七年　三十九歲。與詩友丁潁、郭楓等創辦《詩潮》詩刊，擔任主編。五月，出版第一集。揭櫫「發揚民族精神」、「把握抒情本質」、「建立民主心態」、「關心社會民生」、「注重表達技巧」等五項方向。內容按題材分類，雄健有力，受到青年代詩人及主張民族風格的學界人士的嘉讚。秋季起，發生「鄉土文學」論戰。十二月，繼續出版《詩潮》第二集，發表《中國現代文學的主潮》一文，對文學的方向有所申論。

一九七八年　四十歲。三月一日在《中華雜誌》發表《爲〈詩潮〉答辨流言》一文。九月，撰《鄉土文學的前途》一文，對「鄉土文學」的發展方向有所申論並提出諍言，未獲發表。（後來到一九八五年三月才發表）同月，受聘爲中國文化大學兼任教授，仍授中國通史課程。十一月，出版《詩潮》第三集，同月，又出版評論集《文學與社會改造》。

一九七九年　四十一歲。二月，完成修訂稿《反專制主義大師黃梨洲》（次年七月印妥發行），八月，出版《葵心集》，是詩與抒情散文自選集。九月，應美國愛荷華大學之邀，前往參加該校國際寫作中心舉辦的「中國文學前途座談會」並在「國際寫作中心」研究。該會同時邀請中國大陸、臺灣、香港、新加坡及在美華人作家參加，大陸來的作家有蕭乾與畢朔望，是海峽兩岸作家三十年來的首次聚會。在座談會中發表了《中國文學的前途》講稿，對大陸及臺灣兩地三十年來的文學發展都作了扼要的批評，獲得一定的重視，曾在美國、香港、臺灣、中國大陸、新加坡五地先後轉載。又撰《覺醒的一代》，向臺灣率先介紹了中國大陸新生代青年詩人及其作品。十二月，在愛荷華期滿結束，獲贈「榮譽作家」獎。遊大峽谷、拉斯維加、洛杉磯、舊金山等地後抵夏威夷。

一九八〇年　四十二歲。一月底自夏威夷返臺。年底完成修訂本《詳註中國古今名詩三百首》（次年九月出版），國學前輩李曰剛教授撰寫了長序。十二月，出版《詩潮》第四集。本年內據少年舊稿所重寫的詩《秋之夢》是除了舊體詩與譯詩外所寫的最後一首新詩。

一九八一年　四十三歲。三月，發表《中國新詩代表作選析㈠》，是爲《中國新詩史論及作品選析》一書正式著筆之始。六月，復赴美國，受聘爲柏克萊加州大學中國研究中心研究員，繼續進行新詩研究。十一月，獲「中國作家協會」邀請，赴中國大陸訪問遊歷一個月。先後到達北京、泰山、西安、成都、重慶、三峽、武漢、南京、上海、杭州及紹興等地。然後經日本返回美國柏克萊。經日本時接受《朝日新聞》記者訪問。在大陸時曾向有關人士提出「結束無產階級專政、召開國民會議、建立中華聯邦、堅決抗俄……」等主張多項。在北京時拜會了艾青，並先後在北京與詩人嚴辰、杜運燮等，在上海與詩人辛笛等座談。

一九八二年　四十四歲。在柏克萊先後撰寫了《燕京散記》、《東嶽紀行》、《長安訪古》、《西蜀遊踪》等遊記及舊體詩《登泰山吟》等多首。

一九八三年　四十五歲。在柏克萊先後撰寫了遊記《長江行脚》、舊體詩《謁大禹陵》等，確定了《中國新詩史論及作品選析》全書綱目並寫成了《初期及二十年代新詩選析》、《三十年代新詩選析》、《四十年代新詩選析》等及附表。又因回臺受阻，撰寫了《回臺受阻的經過與質疑》一文。八月，大陸詩人流沙河在重慶出版《臺灣詩人十二家》，列在其中。十月，辦通回臺手續，並由國立政治大學聘爲特約研究員，同意繼續在柏克萊研究至次年返臺。十一月，北京出版《葵心集》。

一九八四年　四十六歲。年初，編成先祖父遺著《高平子天文曆學論著選》並撰編後記。三月，撰《拜輪〈哀希臘〉新譯》。四月中旬返回臺灣。大陸遊記各篇在臺各報刊陸續轉載。七月，完成《中共統治下的反專制思潮》長文。本年內將歷年詩稿整理編成《高準詩集》，撰序文《寫詩的歷程》，共收詩八十首，又序文及附文《永恆的向日葵》與新撰《十二月的回憶》二篇。將抒情散文及遊記編成《山河紀行》，共文十六篇，自序一篇。以上兩種共詩文一百篇。又完成《五十年代中國大陸新詩選析》初稿。

一九八五年　四十七歲。二月，撰《羅福星百年誕辰紀念》短文。七月，《高準詩集》出版，詩人兼評論家郭楓撰寫了新序。十月，《山河紀行》出版。

完成《六十年代中國大陸新詩選析》及《一九七〇——八〇年中國大陸新詩選析》初稿。着手進行《中國繪畫史導論》修訂新版。

後記

本書卷一各篇中，《山的心影》與《春的脚步》兩篇曾分別選入臺北出版的《六十年散文選》及《四季頌歌——春之聲》；《霧社廬山記》與《史克蘭溪畔一夜》兩篇曾選入北京出版的《臺灣遊記選》；《美國國家美術博物館記》、《紐約的博物館》、《苦澀的鄉愁》三篇原載《中央副刊》；《史克蘭溪畔一夜》、《溪頭月夜的幻想》兩篇原載《中華副刊》；《霧社廬山記》原載《中國一周》，曾蒙臺灣省教育廳頒贈青年散文佳作獎。

卷二「大陸行」各篇，分別初刊於香港《中報月刊》、美國加州《論壇報》與紐約《中國之春》，繼分別承臺北《文藝復興》月刊、《生活與環境》月刊、《掃蕩》周刊、《雷聲》周刊、《自立晚報》、《中華雜誌》、《第三者》雜誌、臺中《國際論壇》、及香港《天文台》三日刊等刊物重載。《訪高準談大陸之行》原載《雷聲》周刊。

謹此叙明並向各刊編者表示謝意。

關於「大陸行」，在我寫完《長江行腳》一文後，由於覺得一些重要的話既都已寫出，又忙於他事，遊踪最後一程的上海、金山、杭州與紹興，竟始終沒能再寫。後來隔久了，更無從着筆，以致與卷二開頭的一段敍述未能完全應合。對於等待着閱讀以上幾個地方的遊記的讀者朋友們，我只好說一聲「抱歉」了！雖然，本書以卷一第一篇的「春日的陽光，灑遍了每一片自由的土壤」爲始，到卷二的「謁中山陵」的「等待着一個新的希望」爲終，亦已自成起迄的脈絡，而且可說是在高潮中結束。則就文而論，也不能算有什麼欠缺了。此外，在我詩集中的《重到西湖》、《謁大禹陵》等首及收附在詩集之末的《十二月的回憶》一篇短文中，對這幾個地方也已有極簡要的勾繪。然而，相信在我們有生之年，必將還會有機會再度踏上故國江南的泥土吧？那麼，待他年「再度登臨」，自必當繼續再記。尙願有興趣的讀者朋友們且期待着這一遙遠的「下回分解」吧！

我訪遊大陸後的旅美期間，在完成回臺手續的過程中，先後曾承前輩陶百川先生、世伯吳嵩慶將軍、監察院張敦華委員、加州大學羅德明（Dittemer）教授、加州大學巴隆(Baron)顧問、學長張京育兄、舊金山協調處歐陽璜處長、及友人吳興周兄、余嘉培兄、游輝立兄等之多方關懷協助。還有很多的前輩長者、各界友人與熱心人士，也紛紛表達了他們可貴的關懷。在此，謹並誌衷誠的感念。

最後，謝謝文藝名家趙滋蕃教授和評論家曾祥鐸兄分別從不同的角度爲本書撰寫了序文，青年書法家薛志揚先生爲本書內封寫了四個很漂亮的毛筆字。高齡九十四歲的攝影大師郎靜山老前輩特地爲本書卷一及卷二的引詩分別選配了兩幅他的攝影傑作，並說我自己拍的那些彩色照也拍得很不錯，更要謹此致敬與致謝。也要謝謝文史哲出社，把本書和我的詩集都印得這麼漂亮。

（一九八五年九月三十日）

亂石穿空驚
濤拍岸捲
起千堆雪江山
如畫一時多少
豪傑[illegible]

碧雲寺 129,130,131
碧霞祠 162,164,165
碧華峽 42,43,44
對松山 160
彰化 19
鳳山 21
漁陽 147
滻河 182
漢口 235,237
漢陽 237
碑林 198,199,200
嘉陵江 225,226
翡冷翠 124,189
赫德遜河 227

十五～十六劃

潼關 174,175
澄清湖 133
德國 75,79,172
歐洲 67
澳洲 239
諧趣園 133
錦江 208
縉雲山 226
歷山 152
頭份 18,19
頤和園 118,126,133

十　七　劃

鍾山 239
環山 46,48
關原 27,36,37
濟南 169
龍雲橋 29,41

十八劃以上

瞿塘峽 230
霧社 27,31,32,36,38,39,40,41,44,51,55
霧社抗日紀念坊 40
霧社廬山 29,30,32,39,41,42,44,181
歸元寺 237
薦福寺 198
夔門 230
羅浮宮 124
羅馬 52,57,67,72189,227
龜山（武漢） 237,238
龜山（台灣） 225
寶瓶口 220
灌縣 218
灞水 182
觀日亭 164
驪山 177,179,181
鸚鵡洲 239

基隆 224,225
基隆河 227
麥加 247

十 二 劃

渭水 189 239
湖北 232
黃河 151,164
黃浦江 228
黃鶴樓 237
普照寺 167,173
陽明山 41,42,131,181
揚子江 224
壺天閣 158
黑龍潭 165
傲來峯 152
都江堰 218,219,220
華山 175,190
華清池 181
華盛頓（華府） 57,65
華盛頓紀念塔 57
堪薩斯 175

十 三 劃

葛洲壩 233 234
萬大水壩 28,44
萬仙樓 157
萬神殿 57
萬壽山 133
萬縣 230
慈恩寺 184,189
雍和宮 144
群玉庵 155,168
新竹 18,167
新店 23,225
新店溪 24
新疆 113
溪頭 51,52
楊梅 18
圓山 228
圓明園 156
意大利 58,60,149
愛荷華 109

十 四 劃

臺中 109
臺北 18,23,66,107,120,131,137,151,175, 177, 227,236
臺北故宮博物院 241
臺北植物園 199
臺北國立歷史博物館 199
臺南 20,198
臺灣 82,108,109,111,112,113,125,130,137,139,150,151,152,154,168,173,202,219,222,228,229,239,246,250,251

咸陽 193,203
威尼斯 40
英國 63,64,70
美洲 67
美國 56,64,67,81,108,149,150,168,170,175,199,230,239
美國自然史博物館 66,81
美國國家美術館 56,57,58,65

十 劃

泰山 35,106,149,151,152,155,157,160,161,163,164,167,173,176,231,245,247
泰安 106,151,152,169,170,174,203
泰安師專 169,171
泰伯河 227
泰姆士河 227
泰國 124
秦始皇陵 177,180,181
秦始皇兵馬俑博物館 177,182
陝西 198
陝西省博物館 199
陝西師範大學 189
浣花溪 215
桃園 18,225
高雄 20,21
烏江 229
烏來 23,24,25,181
烏非齊宮 124
能高山 33
珠穆朗瑪峯 230
珞珈山 235
倫敦 227
埃及 67,72,192
紐約 56,66,67,242
徐州 174
庫倫 148
特洛伊 61,62

十一劃

淡水 239
涪陵 229
乾陵 190,191,192,195
崎萊山 37
雪山 46,47,48
終南山 189
紹興 106,211,220,245
梵帝岡 238
張家口 146
張堰 106
琉璃塔 131,132
望河亭 164
蛇山 238
商丘 174
曼谷 124,125
現代藝術博物館 66,73,76

昆明湖 133
昆陽 35
京都 123,124
京都故宮 124,125
奈良 128,232
枇杷山 227
杭州 106,133,211,220,245
宜昌 232,234
宜賓 224
宜蘭 151
武昌 235,237
武漢 106,224,234,235,240,245
武漢長江大橋 237
武侯祠 208,211,213
金山 106,246
金沙江 225
金龍四大王廟 155
居庸關 106,147
長江 224,225,228,234
長城 106,146,147
岷江 218,221,222,239
青海 113
青帝觀 155
青城山 219
官廳水庫 146
虎山水庫 169
岳王廟 211
屈家坪 232
非洲 81,82,192
亞洲 192
阿里桑那 230
阿富汗 192
阿爾卑斯山 82

九　劃

春陽 32,41
洛陽 174,191
洞庭湖 235
香山 127,129,131,132,133
香山寺 132
香港 227
香溪口 232
秭歸 232
保和殿 123
保俶塔 133
俄國 75,115,116
肥城 152
屏東 21
南天門 158,160,162,165
南京 106,131,211,240
南投 40
南極 82
臥佛寺 127,128,129,247
昭陵 196,197
昭廟 132
重慶 106,218,224,225
重慶人民大禮堂 225
重慶長江大橋 227

六　劃

西山　127,135
西子灣　20
西安（長安）106,175,176,181,182,189,190,197,201,208,235,245,248
西安人民大廈　175
西湖　106,107,133,235,236
西陵峽　233,234
西班牙　61,79
西藏　113,130
西螺　20
西螺大橋　21
合歡山　27,35,36,37,44
地中海　239
江南　42
江蘇　224,246
曲江池　189
曲阜　152
成都　106,201,204,211,215,218,224,235,245
安瀾索橋　221,222
百花嶺　220
伏龍觀　220
行吟閣　211,236,237

七　劃

汶水（汶河）　152,158
沙河　147
巫山　230,231,233
巫峽　230,231
杜甫草堂　211,213,214,215,216,217,218
見心齋　132
見晴　33
呂祖廟　155,168
佛香閣　133
兵書寶劍峽　233
延安　120
赤嵌樓　20
辛亥武昌軍政府舊址　236
希臘　52,61,62,67,72,76

八　劃

東港　21
東湖　235,236,237
東印度群島　82
岱宗坊　153,155
岱廟　153,155,166,167
岱嶽觀　155
河南　174
波士頓　56
波斯　191,192
法國　63,64,70,75,124,149
法隆寺　128
昇仙坊　160

太平山 227
太平洋 35,239
太和門 123
太和殿 123
太魯閣 43
天安門 108,122,123
天安門廣場 107,108
天貺殿 166,167
天津 151
斗六 175
斗母宮 157
王母池 166,168
介壽亭 40
午門 123
日本 123,124,128,149,168,229,232
日月潭 40
木柵 155
木斯罕 193
孔子登臨處 157
巴山 106
巴東 231
巴拿馬運河 230,234
巴黎 124

五 劃

北京（燕京） 106,107,108,109,110,111,122,123,124,146,147,218,245,248
北京大學 117,118,120
北京故宮 108,122,124,125
北京飯店 107,109
北京孔廟 144,149
北碚 226
北溫泉 226
北極圈 239
四川 113,220,231
四川大學 205,206
未名湖 120
半坡遺地 182,183,184,185
玉山 46,163,230
玉皇頂 160,164
玉皇閣 155
玉帶橋 133
玉華山莊 132
玉壘山 220
石門水庫 169,225
石寶寨 229
白帝城 211,229
古琴台 238
古根漢博物館 66,73
平陰 152
史克蘭溪 46,47,50
永泰公主墓 193,194,197
外蒙古 115,148
代郡 147
印度 130,186,198
印度洋 239

主要地名及建築物名稱索引

一～二劃

一天門 157
二王廟 220,221,223
二水 175
二條城 124
七星山 151,152
八卦山 19,21
八堵 226
八達嶺 146,147
九龍 227
十七孔橋 133
十八盤 159,160
人民大會堂 108
人民英雄紀念碑 109
人祖殿 155

三　劃

三門峽 174,175
三門峽水壩 174
三皇廟 155
三峽 106,107,220 224 228,230,231,233,234,239,
山東 151
山東農學院 169
大屯山 152
大甲 19
大西洋 239
大汶口 152
大禹陵（禹穴） 106,211
大峽谷 230
大雁塔 185,186,189
大都會藝術博物館 66,67,73
大嵙崁溪 225
大溪地 63,72
大寧河 23 1
小雁塔 197,198
于 193
上谷 147
上海 106,108,202,228,245

四　劃

六和塔 133
中山陵 211,236,240,241,242,247
中 158,165
中央公園
中和殿 123
中國 67,81,83,84,109,110,111,112,113,116,125,129,150,154,192,232,233